AF392389

Licda. Berlín de Guillén

3ª Edición

De Mujeres que Inspiran a Grandes Hombres

Dedicatoria

Dedico este libro a mi esposo Edmundo Guillén a mis hijos
Viena Analiz, Edmundo Diego Samuel, y Ana Valeska,
cuyo ánimo y apoyo han sido determinantes
para la realización del mismo.
Los amo, los admiro y cada mañana despierto
con la ilusión de pasar un día mas a su lado.

~ *Índice* ~

Reconocimientos

Quiero reconocer el trabajo de revisión de texto de la
Licenciada Margarita Sandoval, Licenciado Guillermo Zuñiga
y Apóstol Edmundo Madrid cuyo trabajo esmerado y dedicado
revisando y corrigiendo los escritos originales han sido
de muchísima ayuda. Gracias por sus sugerencias
y apoyo moral e intelectual.
Un agradecimiento a mis padres por su incondicional soporte
en el cuidado de mis hijos mientras he estado realizando este proyecto.
Agradezco también la colaboración en investigaciones de
Ada Romero y Pahola Reyes.   Siempre me siento respaldada
por ustedes.
Una mención muy especial a las personas que me dejaron usar
sus testimonios para poder bendecir a otros.
A usted por estar leyendo este libro y desear prepararse para
servir a Dios.

Introducción

Por el favor y la gracia de Dios que se derrama sobre sus hijos de honra, tengo el privilegio de poner en sus manos este libro, el cual surge no solo para compartir testimonios, pensamientos o consejos, sino como una revelación de Dios para sus siervas, las mujeres de carácter; especialmente las que están a la espera de que algo especial ocurra en sus vidas. Es un libro inspiracional y está dedicado a las mujeres que sienten que las fuerzas las abandonaron y se quedaron quebrantadas en el camino, estuvieron a punto de dejarlo todo, su historia abundó en tristezas, derrotas, amarguras y fracasos. Vieron alejarse la alegría y el gozo en su hogar, pasaron noches y madrugadas en llanto y en vela, pero en el fondo tuvieron fe de que podrían salir del problema que las agobiaba. Clamaron a Dios y vieron como después de atravesar por grandes desiertos, Dios no permitió que se quedaran tiradas en el camino, la muerte no las alcanzó, Él les dio fuerzas y grandes propósitos de bien, formaron carácter y la restitución llegó a sus vidas.

En los siguientes capítulos tendremos un extraordinario recorrido y vamos a descubrir siete secretos que poniéndolos en práctica permitirán que nos convirtamos en "MUJERES QUE INSPIRAN". Mujeres que a pesar de todas las circunstancias adversas puedan avanzar y dejar en su descendencia, su iglesia y su país un recuerdo que inspire a otras mujeres y haga despertar y destacar a grandes hombres.

En el presente libro, usted amiga lectora va a descubrir poderosos secretos porque son principios bíblicos. Además de encontrar maravillosos pasajes bíblicos, citas estupendas y mensajes inspiradores dedicados a fortalecer y animar a cada lectora, el libro incorpora valiosos relatos de historias verídicas de mujeres que han sabido inspirar a grandes hombres a llevar a la práctica estos principios.

En la galería de mujeres encontraremos mujeres excepcionales de la Biblia, también de la historia actual. Otras más son historias de mujeres que he conocido a lo largo de mi ministerio dentro y fuera del país, que me han inspirado, las cuáles trascendiendo lo material, saltando obstáculos cotidianos han encontrado en Dios la fuerza y valentía para sobreponerse hasta llegar a INSPIRAR A GRANDES HOMBRES.

En el tiempo que mi esposo y yo hemos tenido el privilegio dado por Dios de servir en nuestra amada iglesia y ministrar iglesias en muchas naciones, hemos sido impactados, sorprendidos e impresionados por valerosas mujeres. Al escribir estas líneas estoy abrumada en llanto, y tengo que hacer una pausa para agradecer a Dios el privilegio de haber conocido y compartido con tantas mujeres que se convierten en nuestras heroínas, quienes han dado todo de su fuerza, valentía y honor, se han entregado con profundo amor a la difícil tarea de criar a sus hijos, sobreponiéndose a grandes esfuerzos. Y aunado a todo el quehacer propio de una madre y esposa, apartan tiempo para ayudar al prójimo, para servir a Dios para extender su mano al necesitado. Abren sus hogares cada semana hasta dos y tres veces para albergar personas que no conocen, todo por amor y la pasión por llevarles la verdad del Evangelio bendito de la gracia. A todas estas mujeres que nos han inspirado va dedicado este libro (Libro que no puedo escribir sin dejar de derramar muchas y abundantes lágrimas). A todas esas mujeres que nos han inspirado y que seguirán INSPIRANDO A GRANDES HOMBRES y fortaleciendo la unidad de sus familias.

Estas mujeres que para servir a Dios y al prójimo, abren las puertas de su casa, buscan en la calle invitados inconversos para hablarles de Cristo, extienden su mano al menesteroso, ayunan para pedir la ayuda de Dios para predicar en su grupo, levantan a sus hijos muy temprano para ir a la iglesia cada domingo, los despiertan dulcemente, los visten, les preparan merienda para luego congregarse, los llevan a una vigilia y los acuestan en su regazo en lo que pasan la noche y ellas buscan a su Creador.

Cada capítulo termina con una sección llamada "Secretos de Fe." Que permitirá usar este libro para su crecimiento personal para estudiarlo en grupos de mujeres, grupos de crecimiento en la iglesia o en la comunidad. En cada "Secreto de Fe" va a encontrar un pasaje bíblico, unas sugerencias de actividades a realizar y una oración para poner en práctica lo aprendido. Es tan importante leer un libro, así como tomar tiempo para meditar y preguntarnos ¿Cómo ponerlo en práctica? Este libro tiene como propósito principal: ser una fuente de inspiración para su vida. Es ameno en su lectura y sus verdades son profundas porque provienen de la palabra de Dios. Léalo cuidadosamente y crea que su contenido, reflexiones, consejos y retos pueden transformarla en una MUJER INSPIRADORA para toda la vida.

Se ha preguntado alguna vez, ¿Cuál es el secreto de esas mujeres que son exitosas? ¿Qué hay detrás de aquellas mujeres que con o sin esposo destacan? ¿Cuál es la razón por la cual ellas, sus hogares y sus hijos parecen fácilmente alcanzar el éxito? ¿Cuál es el secreto de aquellas mujeres que aún no teniendo razones obvias para estar felices lo están? ¿Por qué hay mujeres que teniéndolo todo parecen estar infelices y amargadas?

Probablemente se ha preguntado ¿Puedo yo llegar a ser una mujer, QUE INSPIRE A GRANDES HOMBRES? Le tengo excelentes noticias, SI, usted sí puede cambiar sus hábitos y costumbres para convertirse en una mujer que inspire, no importa cuál haya sido su pasado, cuál sea su presente, usted puede DECIDIR cambiar y ser una mujer INSPIRADORA, porque va a ser en la fuerza y el poder de Dios. Él es quien le dará la fortaleza, las ideas y la dirección de su Espíritu para ser una mujer de INSPIRACIÓN.

Dios desea que usted se convierta en una mujer QUE INSPIRE, y para esto nos ha dejado la promesa de este salmo que dice:

" Jehová te oiga en el día de conflicto;
El nombre del Dios de Jacob te defienda.
Te envíe ayuda desde el santuario,
Y desde Sión te sostenga.
Haga memoria de todas tus ofrendas,
Y acepte tu holocausto. Selah
Te dé conforme al deseo de tu corazón,
Y cumpla todo tu consejo.
Nosotros nos alegraremos en tu salvación,
Y alzaremos pendón en el nombre de nuestro Dios;
Conceda Jehová todas tus peticiones.
Ahora conozco que Jehová salva a su ungido;
Lo oirá desde sus santos cielos
Con la potencia salvadora de su diestra.
Estos confían en carros, y aquéllos en caballos;
Mas nosotros del nombre de Jehová nuestro Dios tendremos memoria.
Ellos flaquean y caen,
Mas nosotros nos levantamos, y estamos en pie.
Salva, Jehová;
Que el Rey nos oiga en el día que lo invoquemos. Salmo 20:1-9

Mujer amada, no importa cuáles sean sus dones, habilidades, educación o estatus social. Lo que realmente interesa es si usted permite que Dios entre en su corazón y dirija sus pasos para tener la fuerza interna que caracteriza y lleva al triunfo a las mujeres que inspiran. Usted es ejemplar, victoriosa, madre virtuosa, hija de obediencia, sierva excepcional, prepárese porque Dios tiene cosas grandes para su vida, crea que las bendiciones llegarán a usted, contágiese de pensamientos positivos y declare con poder y autoridad que en Cristo sus sueños se realizarán.

Si este libro ha sido de bendición para su vida, por favor déjemelo saber. Quiero saber de usted y las cosas maravillosas que Dios está haciendo en su vida, escríbame a: berlinmadrid@lluviasdegracia.org me encantará saber de usted.

La autora.

En un día leí este libro, es excelente, sobre todo me gusta que es corto, conciso, de ideas claras, equilibrado, desafiante y agrega conocimiento de primera.

Silvia de Pacheco, Ingeniera Agrónoma, Guatemala.

Primer Secreto...

La Mujer que Inspira es
Optimista y Entusiasta

Descubra el imán
que atrae las personas hacia usted

Optimista y Entusiasta

El corazón ALEGRE HERMOSEA EL ROSTRO;
Mas por el dolor del corazón el espíritu se abate.
Proverbios 15:13

¿Es usted una mujer optimista y alegre? ¿Desean su familia y amigos estar cerca de usted porque contagia felicidad, optimismo, deseo de seguir avanzando? O es usted el tipo de mujer que todos prefieren evadir porque contactarla significa quedar cargado de depresión y pesimismo?.

A menudo vemos mujeres que pareciera que tienen todas las capacidades y características positivas, a quienes dan deseos de frecuentar cuando se tiene una duda o dificultad. Ellas siempre sabrán que hacer, que decir, como actuar. Siempre tendrán el consejo o la receta adecuada. ¿Será que no tienen problemas? ¿Podrá ser que su vida sea tan perfecta que no tienen porque sentirse agobiadas? ¿Serán tan fuertes que los problemas no les afectan? No, definitivamente ellas también tienen dificultades al igual que usted y yo, pero la diferencia es que han encontrado el primer secreto, el optimismo cuya fuente es Dios en el corazón. Podemos ser mujeres optimistas simplemente por el hecho de permitir que Dios esté en nuestro corazón y permitir que su poder y su Espíritu fluyan a través de nuestro interior.

En *1ª. Tesalonicences 5:5, 8-9, 11-18. dice.* "*5Porque todos vosotros sois hijos de luz e hijos del día; no somos de la noche ni de las tinieblas.8 Pero nosotros, que somos del día, seamos sobrios, habiéndonos vestido con la coraza de fe y de amor, y con la esperanza de salvación como yelmo. 9 Porque no nos ha puesto Dios para ira, sino para alcanzar salvación por medio de nuestro Señor Jesucristo,*" "*11. Por lo cual, animaos unos a otros, y edificaos unos a otros, así como lo hacéis.14. También os rogamos, hermanos, que amonestéis a los ociosos, que alentéis a los de poco ánimo, que sostengáis a los débiles, que seáis pacientes para con todos.15. Mirad que ninguno pague a otro mal por mal; antes seguid siempre lo bueno unos para con otros, y para con todos.16. Estad siempre gozosos.17. Orad sin cesar.18. Dad gracias en todo, porque esta es la voluntad de Dios para con vosotros en Cristo Jesús.*"

El apóstol Pablo nos llama ¨Hijos de Luz y del día" y nos amonesta a que contagiemos a otros a estar felices. El sabía la necesidad que hay de ser optimista y entusiasta. Es mas nos alienta a ayudar a otros a ser positivos.

Es tan importante este tema que ya hay estudios que hablan sobre la psicología positiva. Cada vez son más las personas que están hablando y aportando sobre la necesidad de ser optimista como base fundamental para ser feliz y obtener éxito en la vida.

"La psicología positiva que practicamos todos los optimistas vitales nos capacita para desarrollar de forma realista una personalidad resistente, por eso, las personas optimistas... han sabido enfrentarse a sus enfermedades, desgracias y traumas como problemas que deben afrontar y resolver en lugar de evitarlos o permitir que se vuelvan crónicos. Así como la medicina positiva promueve potenciar la vida saludable y prevenir las enfermedades al tiempo que se fomenta

directamente la salud y el bienestar físico, también la pedagogía positiva del siglo XXI, se ocupa en reforzar todo lo mejor del educando (cualidades, virtudes, valores y méritos) potenciando directamente su autoestima y sentimiento de competencia. A los niños a los que se les trata como inteligentes, responsables y alabando sus pequeños esfuerzos, se les convierte en más inteligentes, responsables y voluntariosos." (1)

Este primer capítulo constituye la base fundamental para generar actitudes positivas y trascendentes en las personas; Estoy segura que el optimismo interno que se refleja en el rostro, sale de los ojos y se refleja en la actitud, es un secreto que caracteriza a las mujeres que inspiran.

No hay nada tan desagradable que tener que relacionarse con una mujer negativa, desanimada, con actitud derrotista, ya que su estado de ánimo contagia fácilmente a otros.

El siguiente escrito nos puede ayudar a recordar que las cosas pequeñas y sencillas de la vida pueden minar la felicidad de la misma. No importa cuantas situaciones negativas vivamos día a día si nuestra felicidad depende de Dios, podemos ser felices.

DIEZ MANDAMIENTOS PARA TENER UNA VIDA INFELIZ

1. Te aferrarás a la amargura y al enojo.
2. Nunca tendrás demasiada amistad con nadie. Harás que tus relaciones sean superficiales.
3. Llevarás una expresión sombría en el rostro en todo tiempo.
4. Dejarás de lado la diversión e inflingirás a otros lo que alguna vez te haya sido inflingido.
5. Te quejarás de los detalles, y te olvidarás de ver todo el panorama.
6. Ignorarás las necesidades de los demás, y solo pensarás en las propias.
7. Apartarás tiempo para sentir lástima de ti misma, e invitarás a otros para que te ayuden a hacerlo.
8. No tomarás vacaciones.
9. Esperarás lo peor de todas las situaciones, culparás y avergonzarás a los de tu alrededor por todo y tendrás siempre presentes las debilidades, faltas y temores de los demás.
10. Estarás en control de las situaciones todo el tiempo, sin importar el precio. (2)

Hay momentos en la vida de toda mujer en los que se siente fracasada, frustrada y desea rendirse. En los que oye una voz interna que le dice, "¡Olvídalo! ¡Esto es demasiado difícil! ¡Quiero renunciar!". Nos equivocamos, la gente nos ofende, pasan tragedias, nos invade la tristeza y viene la depresión. Entonces nos preguntamos, ¿Sigo adelante? ¿Debo perseverar? ¿Valdrá la pena continuar? Sí, no te detengas, sigue adelante, avanza, no retrocedas. Que no se apague dentro de ti el optimismo, el positivismo, esa alegría que se debe llevar por dentro, ese rayo de esperanza que debe seguir brillando. Recuerda, las mujeres que inspiran, lo han hecho aún con obstáculos y problemas, pero han sido optimistas.

Hay dos premisas muy importantes que quisiera resaltar sobre el optimismo:

- El optimismo es producto de un alma sana.
- El optimismo es una decisión que no la deben definir ni las circunstancias ni los sentimientos.

Tuve la oportunidad de conocer a una mujer muy especial, que impactó mi vida. Laboraba para la iglesia y era encargada de mantenimiento, pero era capaz de hacer todo lo que se le pedía, aún sin proporcionarle los recursos necesarios. Ella hacía llamadas pidiendo donaciones, conseguía lo necesario. Utilizaba, material de desecho, era capaz de hacer maravillas con el material que encontraba a mano.

En la variedad de tareas y actividades que se presentan en una organización como la iglesia, en ella siempre se encontraba respuesta, solución, esperanza y organización, además motivaba a su equipo de trabajo a nunca pronunciar las palabras "No se puede". Ella pasó a la presencia del Señor, pero aún el equipo que dejó formado me dijo hace poco, nuestra antigua jefa nos enseñó a nunca decir "No, no se puede lograr."

Esa es la mujer que el esposo y los hijos desean encontrar en casa. Entre las grandes virtudes a descubrir en una mujer ejemplar se encuentran:

LA MUJER TIENE LA CAPACIDAD EMOCIONAL DE SER OPTIMISTA

Ella tiene en sus manos poner el estado emocional en su casa, no debería ser así, pero hay algo en la madre y esposa que la hace ser el centro del hogar y de los hijos. Y cuando la madre tiene buena disposición y actitud hacia la vida, esa suele ser la atmósfera que impera en el hogar.

En cierta ocasión, tuve la oportunidad de entrar a un hogar donde la esposa carecía de optimismo, había caído en un estado de depresión que la llevaba a no salir de su hogar. Cuando entré pude sentir una atmósfera de tristeza, desolación y soledad. Aunque padre e hijos trabajaban y estudiaban, el sentimiento que imperaba en el hogar era de decepción, tristeza y frustración.

1. LA MUJER PUEDE PONER LA ATMÓSFERA DE OPTIMISMO EN EL HOGAR

La mujer se vuelve el alma del hogar, casi el termómetro de la alegría y felicidad. Si la mamá está feliz, papá e hijos estarán felices. Si la mamá está triste, todo el ambiente del hogar se sentirá en derrota. Pero si ella es Optimista, aunque estén atravesando la peor pesadilla ella sabrá ingeniárselas para que los miembros del hogar estén con ánimo alto y marchen hacia adelante. Estoy segura que usted ha de conocer muchas personas que son entusiastas y que por medio de ese espíritu emprendedor y alegre logran hacer de sus familias personas exitosas.

2. EL OPTIMISMO ES PRODUCTO DE UNA ALMA SANA

Puede surgir la pregunta ¿Cómo puede una ser optimista teniendo tantos problemas? ¿Abandonada de un esposo? ¿Con un pasado devastador? ¿Con problemas de toda índole?. Lo primero

que debe saber es que el optimismo es producto de un alma sana, lo que quiere decir que:

- **Hay que tener a Cristo en el corazón.**

    Esta es la primera condición para tener el alma sana. 1 Corintios 5:17 dice *"El que está en Cristo nueva criatura es; las cosas viejas pasaron he aquí todas son hechas nuevas"*. No importa cuán duro haya sido nuestro pasado y sea nuestro presente, tener a Cristo en nuestro corazón nos garantiza perdón de nuestros pecados, salvación eterna y gozo sin importar nuestra condición.

- **Hay que perdonar:**

    Es muy difícil tener que perdonar, no es una tarea fácil, pero perdonar a nuestros ofensores nos da los siguientes beneficios.

    - **Dios promete perdonarnos**

        Mateo 6:14-15 dice. *"Porque si perdonáis a los hombres sus ofensas, os perdonará también a vosotros vuestro Padre celestial: mas si no perdonáis a los hombres sus ofensas, tampoco vuestro Padre os perdonará vuestras ofensas."* Vemos como Dios nos ordena perdonar, porque nosotros a la vez pedimos su perdón.

    - **Dios promete que nuestra oración no tendrá estorbo.**

        Si tenemos rencor y falta de perdón, ponemos un estorbo grande a nuestra oración, de manera que esta no será contestada. *En Mateo 5:23-24 dice "Por tanto, si traes tu ofrenda al altar, y allí te acuerdas de que tu hermano tiene algo contra ti, deja allí tu ofrenda delante del altar, y anda, reconcíliate primero con tu hermano, y entonces ven y presenta tu ofrenda."* Muchas veces nos preguntamos, ¿Por qué Dios no responde mi petición? Pero debe saber que si no hemos perdonado, y estamos libres del rencor en nuestro corazón, Dios no va a contestar nuestras oraciones.

Rony Madrid autor del libro "La vuelta al corazón en 40 días". (3), sugiere 4 pasos para perdonar.

1. Identifico mis sentimientos:

El primer paso en el proceso del perdón es reconocer que estamos heridos e identificar los sentimientos que tenemos. Mucho del problema emocional en nuestra época viene debido a que hemos sido entrenados a no revelar exactamente cómo nos sentimos…*"Vinieron, pues, a un lugar que se llama Getsemaní, y dijo a sus discípulos: Sentaos aquí, entre tanto que yo oro. Y tomó consigo a Pedro, a Jacobo y a Juan, y comenzó a entristecerse y a angustiarse"* *(Marcos 14:32-33)*
Jesús identificó claramente sus sentimientos de angustia y profunda tristeza.

2. Confieso mis sentimientos ante Dios y ante un amigo

El segundo paso consiste en hablar abiertamente de nuestros sentimientos. En este relato vemos cómo Jesús buscó refugio en sus amigos cercanos y en Dios su Padre…

"Y les dijo: Mi alma está muy triste, hasta la muerte: quedaos aquí y velad. Yéndose un poco adelante, se postró en tierra, y oró que si fuese posible, pasase de él aquella hora. Y decía: Abba, Padre, todas las cosas son posibles para ti: aparta de mi esta copa: mas no lo que yo quiero, sino lo que tú" (Marcos 14:34-37)

3. Renuncio a mi deseo de venganza:

Esta es la parte de nuestro instinto de conservación. Pero debido a que nosotros mismos ofendimos también a otros, hemos sido descalificados para tratar de hacer justicia por nuestras propias manos y debemos dejar lugar al justo juicio de Dios.

4. Decido devolver bien por mal:

El cuarto paso en este proceso consiste en hacer cosas buenas a favor de aquellos que nos han ofendido.

"No paguéis a nadie mal por mal: procurad lo bueno delante de todos los hombres. Si es posible, en cuanto dependa de vosotros, estad en paz con todos los hombres. *No os venguéis vosotros mismos, amados míos, sino dejad lugar a la ira de Dios: porque escrito está: Mía es la venganza, yo pagaré, dice el Señor. Así que, si tu enemigo tuviere hambre, dale de comer: si tuviere sed, dale de beber: pues haciendo esto, ascuas de de fuego amontonarás sobre su cabeza. No seas vencido de lo malo, sino vence con el bien el mal"* "No paguéis a nadie mal por mal: procurad lo bueno delante de todos los hombres".

VENTAJAS QUE OBTIENE LA PERSONA OPTIMISTA

1. LA PERSONA OPTIMISTA VIVE MAS FELIZ

He visto que las mujeres que aceptan la realidad que viven y deciden ser positivas son mas felices. Conozco dos mujeres que han tenido hijos con retardo mental. Una de ellas, Sandra, tuvo tres hijos de los cuales 2 nacieron con síndrome de Down, ella nunca aceptó la situación, se encerró, solo hablaba amargura, tristeza, desánimo, dolor, y siempre se quejaba de haber sido víctima de estas descompensaciones genéticas.

Por otro lado también conozco a Zoraida, de sus tres hijos uno nació con retraso mental. Ella cuenta que desde que este hijo nació enfermo, ella se propuso no amargar la vida de los otros dos niños y que a su vez llevaría una vida normal. Así lo hizo, tiene a alguien cuidando de su hijo en casa, y si usted la ve, es una persona alegre, optimista, de buena actitud, que hace broma de cualquier situación en la vida. Es una persona tan agradable, que quien no la conoce a fondo jamás pensaría que ella tiene en casa semejante problema.

2. LA PERSONA OPTIMISTA ATRAE A SÍ A OTROS
(Por lo tanto nunca se siente sola)

Si usted se convierte en una persona optimista, todos van a querer estar con usted. Una persona optimista atrae a las personas. El pesimista ahuyenta a la gente. Si usted quiere estar siempre rodeada de personas, sea optimista, si quiere estar rodeada de su familia dé soluciones, si quiere mantener su empleo por muchos años, encuentre una salida viable para los problemas, si desea tener un matrimonio perdurable dé solución a las dificultades que se presenten dentro del hogar. Es así de sencillo, el optimista estará rodeado de gente y el pesimista estará solo.

3. LA PERSONA OPTIMISTA HACE QUE LOS QUE ESTÁN A SU ALREDEDOR SE SIENTA BIEN

Cuando la persona es optimista todos los que la rodean se sienten bien. Y esto se vuelve un círculo positivo.

En la Biblia se nos cuenta que el rey David estaba huyendo de Saúl pero todos los vagabundos y rebeldes se unieron a él y así fue como formó su ejército de los "Valientes de David". No importa cual sea su condición, donde esté, cual sea su circunstancia, si usted es optimista las personas van a desear estar con usted.

4. LA PERSONA OPTIMISTA VIVE MÁS TIEMPO

Por lo regular las personas optimistas alargan su tiempo de vida, pues todas las condiciones buenas que atraen a sí mismas, como producto de su optimismo son positivas y esto da como resultado más tiempo de vida, más felicidad y compañía.

5. LA PERSONA OPTIMISTA TIENE MÁS SALUD

Los médicos dicen que los pacientes pueden recuperarse más rápido de las enfermedades, de los tratamientos, de las operaciones si son optimistas y entusiastas.

Conocí a una mujer que me ha impresionado, cuando tenía 45 años de edad le detectaron cáncer. Le hicieron quimioterapia y se le cayó el pelo, recuerdo haberla visto con un pañuelo después de haber tenido cabello hasta la cintura.Cada vez que la veía, repetía constantemente, que estaba sana y no aceptaba esa enfermedad. Repetía constantemente, que Dios ya la había sanado. No tenía otro tema. Han pasado ya 20 años, y ella sigue con vida, optimista como siempre.

6. LA PERSONA OPTIMISTA TIENE MÁS POSIBILIDADES

Se abren muchos espacios y grandes oportunidades de empleo, asociación y estudio. Son múltiples las posibilidades que se abren a la persona optimista. Cuando un jefe está poniendo a prueba a un empleado, está observando la cantidad de opciones que presenta, la capacidad de solucionar problemas y relacionarse con los demás.

Igualmente la posibilidad de asociarse con buenas personas, va a ser más segura siendo optimista. En el estudio, el optimista va a tener mejor relación con sus maestros y compañeros y ser positivo le ayudará a enfrentar los grandes retos que representa el estudio formal.

*La persona optimista tiene más posibilidades
en la vida que el pesimista derrotado.*

7. LA PERSONA OPTIMISTA TIENE MÁS POSIBILIDAD DE TENER UN MATRIMONIO EXITOSO

A lo largo de la vida me he dado cuenta que las personas que mantienen un matrimonio sólido, son personas que han descubierto el arte de ser optimistas en todas las áreas de la vida y que por medio de ello hacen más fáciles las relaciones matrimoniales. Cuando uno de los dos cónyuges es optimista contrarresta al que no lo es, y a la larga el pesimista se vuelve dependiente del optimista, porque es quien suele encontrar las soluciones.

EL OPTIMISMO ES FUNDAMENTAL PARA ALCANZAR EL ÉXITO EN CUALQUIER ÁREA

Sin optimismo se acaba la llamita que impulsa. El optimismo es el combustible para el motor. Estudios han revelado que hay más beneficios para los optimistas.

En el libro How to develop a Million-Dollar Personality (Cómo desarrollar una personalidad de un millón de dólares) Cerney escribió:

El optimismo ayuda a:
1. La digestión.
2. Mejorar el metabolismo.
3. Aliviar la tensión.
4. Favorecer la función muscular.
5. Estimular la circulación.
6. Auxiliar la acción endocrina (hormonas).

7. Estabilizar la presión sanguinea.
8. Estimular un dínamo de energía.
9. Proveer un sentimiento de euforia (bienestar)
10. Establecer una reserva de poder para los períodos
    en los que se siente desanimado.(4)

PERSONALIDADES CON ESPÍRITU INQUEBRANTABLE

La historia ha sido testigo de grandes personalidades con espíritus inquebrantables, que aun teniendo innumerables obstáculos han sabido sobrepasarlos y han llevado dentro una pequeña gota de esperanza llamada optimismo. Sabía usted que:

- El primer libro para niños del doctor Seuss fue rechazado por veintitrés editores.
- The Coca-Cola Company vendió solamente cuatrocientas botellas de refresco en su primer año.
- En los primeros tres años de operación, Henry Ford estuvo en bancarrota dos veces.
- La poesía de Robert Frost fue rechazada por el editor de poesía de la revista Atlántic Monthly en 1920 a través de una carta que decía. Nuestra revista no tiene espacio para sus versos vigorosos.
- Michael Jordan fue echado del equipo de basquetbol de su escuela.
- En 1905 la universidad de Berna rechazó la disertación doctoral de Albert Einsten diciendo que era irrelevante y pretenciosa.
- Joan Benoit fue sometida a una cirugía de rodilla diecisiete días antes de las pruebas olímpicas estadounidenses para el maratón. No solo fue incluida en el equipo, regresó a casa con la medalla de oro.
- Vince Lombardi tenia cuarenta y siete años cuando finalmente llegó a ser entrenador en jefe de un equipo de la NFL.(5)

Éstas personas nos inspiran a ser perseverantes en todo lo que hagamos, aunque pareciera que no tenemos talento, si tenemos una visión, podemos lograrlo.

SECRETOS DE FE:

LEA:

Salmo 103. Este salmo nos invita a recordar las maravillas que Dios ha hecho con nosotras, por lo cual debemos estar agradecidas y bendecir su nombre sin olvidar ninguno de sus beneficios.

ORE:

Amante Dios y Padre Celestial, quiero agradecerte por todas tus bondades y misericordias para mi vida. Reconozco que cuando estoy triste y deprimida, he olvidado tus favores para conmigo y me he enfocado en las pruebas de este mundo.

Te pido que me ayudes a ser una mujer optimista, que pueda ser el instrumento que tu uses para llevar entusiasmo a mis hijos y esposo. Dame fuerzas para pasar por alto las tribulaciones y poner en mi hogar un ambiente caluroso de victoria cada día. Todo esto te lo pido en el nombre de tu hijo amado Jesús, amén.

ACTÚE:

Tome un tiempo para pasar a solas con Dios y analice si él mora en su corazón. Si no es así, invítele a entrar en su vida y a ser Señor de todo su ser. Si usted no puede ver las cosas bellas de la vida estando rodeada de ellas, es que necesita al Creador en su vida.

Luego, haga una lista de las actitudes que deliberadamente va a poner en práctica para comenzar a ser una mujer optimista.

Segundo Secreto...

La Mujer que Inspira es

Valiente

*Valore la solidez
del carácter femenino*

La Mujer que Inspira es

Valiente

Y Josué les dijo: No temáis, ni os atemoricéis; sed
fuertes y VALIENTES, porque así hará Jehová a todos
vuestros enemigos contra los cuales peleáis. Josué 10:25

Las mujeres que inspiran son personas valientes, que saben sobreponerse a las adversidades, son mujeres que toman su fuerza del Señor y siguen adelante como el búfalo.

En una de las muchas iglesias que hemos tenido el privilegio de ministrar con mi esposo, se acercó una mujer líder, prominente en la iglesia y brevemente me exteriorizó cómo había venido a Cristo y superado los obstáculos para ejercer un ministerio y servir a Dios. Fue tan impactante su historia que deseo compartir con ustedes parte de lo que me contó.

DE ESCLAVA A LIBERTADORA

¡Carmen una niña con propósito! Todos los pronósticos de un nacimiento exitoso se diluían entre los medicamentos, tés de hierbas abortivas y esfuerzos exagerados para abortar, sin embargo el nacimiento de Carmen se realizó contra todo pronóstico. Su madre se había enamorado perdidamente de un bohemio campesino que, cuando resultó embarazada le propuso matrimonio, ella se interpuso al extremo de evitar rotundamente el matrimonio entre los dos.

Carmen nació el dos de octubre, baja de peso, de estado de salud delicado. Su madre había tenido una hija anterior a ella, por lo que ella venía a ser una boca más que alimentar. Cuando la niña cumplió cuatro años de edad, su madre la fue a regalar con la abuela, únicamente la dejó cerca de la casa sin decirle nada, Carmen cansada de esperar se quedó dormida sobre una escoba de raíz. Estando allí, la abuela la encontró y la llevó a su casa. Pasaron cuatro años para que Carmen volviera a ver a su madre.   En ese tiempo ya trabajaba cosechando maíz y frijol, sabía todos los secretos de la siembra y la cosecha y a los ocho años ya aportaba dinero para el sustento del hogar.

UNA ADOLESCENCIA DIFÍCIL

A los catorce años su madre se la llevó a vivir con ella e iniciaron dos negocios de comida, en los cuales trabajó durante dos años. Al cumplir dieciseis años se fueron a vivir a otra zona donde alquilaron una casa para vivir. Don Antonio el dueño de esa casa, estaba pasando por fuertes problemas en esos momentos, su esposa había regalado a una de sus hijas, lo había abandonado y uno de sus hijos había muerto.

OBLIGADA A CASARSE

Un día estando Carmen trabajando en casa de una familia que la trataba muy bien, Antonio llegó a avisarle que su madre estaba grave, sin mediar palabra, abandonó la casa en busca de su madre enferma, cuando llegó, estaba totalmente descontrolada, encontró a su mamá tomando muy tranquilamente una taza de café. Admirada preguntó lo que estaba sucediendo. Sucede -le dijo la madre-, que tienes que irte con Antonio, pues su esposa lo abandono así que tendrás que ir con él."

Llena de asombro y turbación Carmen se opuso rotundamente. Su madre entonces la amarró a un árbol y le dio una paliza hasta cansarse, intentando así persuadirla a irse con él, después de muchas golpizas se vió obligada a irse con él, quien ya había recuperado a la bebé que su anterior esposa había regalado, la niña tenía dos años cuando Antonio se la llevó a Carmen, de apenas diesiseis años para que la criara como su propia hija, sin embargo nunca se imaginó que cuidarla le ocasionaría tanto sufrimiento. La niña lloraba por todo, y cada vez que esto pasaba, Antonio golpeaba a Carmen hasta el cansancio. La niña comía únicamente pan con queso y a la aldea llegaban a vender pan cada quince días, lo cuál empeoraba la situación. Después de un tiempo, Carmen aprovechando que su esposo había viajado a la ciudad, se escapó y se fue a ver a su madre a quien tenía dos años de no ver, ella pretendía dejar a Antonio, quien la golpeaba incansablemente por cualquier cosa, buscando refugio con su mamá le contó lo que le estaba sucediendo, sin embargo ésta le dio una tunda por haberlo dejado y lo llamó para que la llevara de vuelta a casa. Carmen no entendía por que su madre aun sabiendo lo que le hacía, seguía obligándola a estar con él.

SU PRIMERA HIJA

Un año después, Carmen dio a luz a su primer bebé, una niña. Antonio quería que su primer hijo fuera hombre, pero no fue así. Carmen dio a luz una hermosa niña, cuando salió del hospital nadie llegó por ella, como pudo llegó a casa con una bebé en brazos. Fue en ese momento que Antonio lleno de ira, golpeó a Carmen por haber dado a luz "una niña" y no un varón como era su deseo. Él cada vez se comportaba más violento, sin importarle el sustento del hogar, así que Carmen tuvo que empezar a trabajar, para alimentar a su hija.

LLEGA EL SEGUNDO HIJO

El ansiado varón por fin llegó, por lo cual Antonio hizo fiesta al nacer. Lo cuidó, consintió y malcrió, hasta convertirlo en una copia exacta suya. Después de un tiempo dio luz su tercer hijo, otra niña. Dos días después del alumbramiento, Antonio abusó de Carmen, provocándole una hemorragia que le duró catorce años, como consecuencia, sufrió anemia severa y un tumor. Con el tiempo Carmen logró fabricar comestibles, con lo que empezó a prosperar económicamente. Fue así como logró comprar un terreno, el cuál tuvo que vender para costear una operación a causa del tumor. Después de operada, la fábrica de comestibles desapareció.

LLEGA A LA IGLESIA Y CONOCE A JESÚS

Años mas tarde, en el lugar donde laboraba conoció a un compañero que le habló de Jesús y la invitó a la iglesia. Carmen se incorporó a la iglesia y empezó a sentir la dulce presencia de Dios, le pidió a Jesús que entrara en su corazón. Mientras tanto Antonio llegaba a donde ella estuviera sólo a golpearla, acusándola de infidelidad. Después de un año de estar asistiendo a la iglesia, Carmen se dio cuenta que estaba siendo esclavizada por su esposo, quien además de golpearla, no darle dinero, tenía amoríos con otras mujeres, en su propia casa y si Carmen llegaba a interrumpir el idilio, era fuertemente golpeada por el, frente a su amante de turno.

RESISTENCIA AL MALTRATO FAMILIAR

En cierta ocasión, al regresar de la iglesia, Carmen llegó a su casa y encontró a su esposo enfurecido porque había salido sin su aprobación. Al advertir la golpiza que su esposo le estaba preparando, le dijo, -no me golpearás mas- y preparándose para defenderse, tomó un cincho con hebilla de metal y se la clavó en la espalda. Él, desconcertado dejó de agredirla y nunca mas volvió a hacerlo.
"UN NUEVO COMIENZO"

Dios le habló, diciéndole que ella había sido diseñada para grandes cosas, que había sido bendecida y que nunca la había dejado sola. Fue así como se convirtió en una mujer de fe, una líder que lleva todos los domingos 400 personas a la iglesia.

ARRIESGANDO LA VIDA POR PREDICAR

Su fuerte sentido de hermandad y servicio a Dios la llevaban a arriesgar su vida para llevar la Palabra de Dios. Un día llegó a visitar a una mujer que entre lágrimas le rogó que la fuera a discipular pues quería conocer más de Dios, solo que tenía que ser precavida pues su esposo no estaba de acuerdo con que ella fuera cristiana. Carmen nunca imaginó el peligro que la esperaba en esa casa, el esposo sabía que ella llegaría, así que sacó a tres perros un Rottweiler, Bulldog y Doberman. Estos perros eran letales, esperaban una orden de su amo para despedazar a su vícitma. Pero la sorpresa que se llevó el hombre fue que cuando Carmen llegó a la casa, él animó a los perros a atacarla, éstos la trataron como si la conocieran. El hombre encolerizado les pegó. Cada vez que Carmen llegaba a la casa el hombre no perdía la oportunidad de animar a los perros para que la mordieran. Al ver que algo supremo la protegía, el hombre creyó en el poder de Dios y se convirtió en cristiano.

Un día una de sus amigas y compañeras de fe, llegó a buscarla a su casa pues había un vecino que estaba entre la vida y la muerte y la habían mandado a buscar para que fuera a orar por él, pero en el camino encontró a otros dos hermanos de la iglesia que la iban a traer para que fuera a orar por otra persona enferma, Carmen y su amiga se desviaron del camino y fueron a orar por el segundo caso, luego, cuando ella iba de camino para orar por el primer hombre enfermo, encontró a la familia reunida para darle el pésame a sus hijos y esposa pero, le informaron que ya había fallecido, Carmen no dándose por vencida le dijo a todos que debían recibir a Cristo en su corazón y que luego tenían que orar por el difunto para que volviera a la vida, al momento ella ordenó al espíritu de muerte que lo soltara. Después de un momento, Roberto volvió a la vida totalmente desconcertado pues no sabía lo que había pasado.

UN MINISTERIO FRUCTÍFERO

Pasado el tiempo Carmen fue puesta en liderazgo en su iglesia y comenzó a desarrollar un ministerio fuerte. Actualmente, su esposo es cristiano y la apoya.

¿CÓMO CONVERTIRSE EN UNA MUJER VALIENTE?

Si usted está decidida a salir adelante, hay maneras en que puede pensar y actuar para lograrlo.

1. RECUERDE QUE NO ES USTED LA ÚNICA PERSONA EN EL MUNDO QUE HA SUFRIDO.

Cuando vemos historias tan desgarradoras como la de Carmen, nos damos cuenta que nuestro sufrimiento no ha sido tan grande como el de ella. He conocido mujeres que consideran ser las únicas que han pasado por situaciones difíciles, centrándose solamente en ellas. Estar conscientes de que otras mujeres han sido valientes al soportar semejantes vejámenes, debe inspirarle a salir adelante, pues no está sola, y si Dios es con nosotras, quién contra nosotras.

2. PIENSE DE SI MISMA COMO DIOS LO HACE.

Usted actúa como usted piensa que es... piense que su valor no depende de las personas que le han hecho sufrir, viene de Dios. Se dice que uno actúa, habla y se viste de la manera en que uno piensa de sí mismo. Las mujeres que tienen una gran estima de sí mismas, saben que tienen derechos, gran valor delante de Dios y de los hombres.

Piense en usted como una hija del rey, del Rey de reyes. Camine erguida, cuide de usted misma. No importa cuánto haya sufrido, no

se deje vencer, piense y actúe como una hija de Dios, como perla de gran valor. Si su pensamiento es positivo en relación a usted misma, será una mujer valiente.

3. DECIDA IR TRAS SUS METAS OLVIDANDO LO QUE HA PASADO

Conozco mujeres que ponen su valía en un hombre, su esposo, si este no las levanta, ellas se dan por derrotadas. Que esta no sea su situación. Si tiene metas, con o sin esposo trate de alcanzarlas. Luche por sus sueños, vaya tras sus metas. Todo en esta vida cuesta pero las mujeres valientes pasan los obstáculos y van tras sus ideales.

4. BUSQUE UN GRUPO DE MUJERES CRISTIANAS EN LAS CUALES APOYARSE ESPIRITUAL Y EMOCIONALMENTE

Un grupo espiritual puede ser de gran apoyo para su vida. Carmen recapacitó hasta que llegó a la iglesia y descubrió lo que la Biblia decía de ella. Fue allí donde encontró su valor en Dios y se dio cuenta que tenía derechos y que no podía consentir mas el abuso físico de su esposo. Esto es lo que convierte a las mujeres simples en mujeres valientes. Saber que son merecedoras de un buen trato porque su padre es Dios. La asistencia a un grupo cristiano de apoyo es determinante para levantar el nivel moral y espiritual del individuo.

5. ENLÍSTESE A SERVIR COMO VOLUNTARIO EN ALGUNA ORGANIZACIÓN DE AYUDA SOCIAL.

Cuando ayudamos a otros, nos ayudamos a nosotros mismos. En mi experiencia, cuando termino de aconsejar a alguien, la mas beneficiada soy yo, porque al estar escuchando y hablando positivamente, el consejero se siente muy fortalecido.

"Mientras más estés dispuesta a ayudar a otros mejor te sentirás"

MUJER VALIENTE	MUJER COBARDE
Lucha siempre	Se desanima
Piensa positivamente	Pierde la batalla en su mente
Dice se puede	Dice es imposible
Ve a Dios	Ve las circunstancias
Lee la Biblia	Lee y cree las noticias
Va tras la meta	No tiene visión
Pregunta a Dios	Pregunta al hombre
Se siente con valor	Se siente insegura
Mira hacia delante	Se lamenta del pasado

Todas las mujeres que inspiran hombres son valientes. No se dejan vencer por las circunstancias. Traspasan la barrera.

SECRETOS DE FE:

LEA

La reina Ester se llenó de valor para salvar a su pueblo. Ester 3-7

Débora tomo el mando del ejército para destruir a los enemigos. Jueces 4

Abigail esposa de Nabal intercedió por la vida de los de su casa y familia ante el rey David.   1 Samuel 25

Las parteras Sifrá y Fuvá salvaron la vida de bebés israelitas y fueron muy bendecidas. Éxodo 1:15-21

Jocabed, salvó a Moisés, de una muerte segura. Éxodo 2:1-10

María siendo virgen aceptó llevar en su vientre al Salvador del mundo. Mateo 1

ORE:

Querido Dios gracias por enseñarme a ser valiente, ayúdame a enfrentar las adversidades con las misma valentía que estas mujeres. Yo sé que el camino es muy difícil pero también reconozco que tú me puedes ayudar en el nombre de Jesús. Amén

ACTÚE:

Decida ser valiente y enfrente las adversidades utilizando la Palabra de Dios.

Decida luchar sin darse por vencida.

Describa cinco características de la mujer valiente que usted desea implementar.

Tercer Secreto...

La Mujer que Inspira es

Generosa

Compruebe la grandeza de compartir con otros

La Mujer que Inspira es

Generosa

Cuando hablamos de las mujeres que inspiran, no podemos dejar de hablar de una de las mas grandes características que es la generosidad. Ellas se dan a sí mismas, dan su tiempo, dinero, amor y emociones. No podrían ser mujeres impactantes si no incluyeran dentro de sus valores este tan vital "la generosidad".

PRINCIPIOS DE GENEROSIDAD

DIOS ES LA FUENTE DE LA GENEROSIDAD.

Él es el ejemplo vívido de la generosidad, él dio lo mas grande que tenía, su Hijo para dar su vida por nosotros. *"No hay un amor más grande que el dar la vida por los amigos ."* NTV

A este respecto tuve una experiencia que marcó mi vida. Teniendo en mis brazos a mi primera hija de 10 días de nacida, empecé a pensar cuanto la amaba, y luego pensé como Dios amaba a su único Hijo y lo dio por nosotros, en ese momento empecé a llorar pensando ¿que me habría pasado si me pidieran a mi única hija? Llore tanto al reconocer el amor de Dios para mi, y entendí San Juan 3:16

que dice, "Porque de tal manera amó Dios al mundo, que ha dado a su hijo unigénito, para que todo aquel que en él crea, no se pierda, mas tenga vida eterna"

LA COSECHA SIEMPRE ES MAYOR QUE LA SIEMBRA.

Es ineludible que se cosecha muchísimo mas de lo que se sembró. Se necesita solo una semilla para sembrar un árbol que producirá cientos de frutos. Por ejemplo se necesita una semilla de aguacate para sembrar un árbol que dará cientos del mismo fruto. Las mujeres que no inspiran y no están conscientes de esta premisa tan importante, siembran negativamente en sus hijos, creyendo que no tendrán consecuencia alguna, y cuando llegan a la vejez se encuentran solas, ignoradas, tristes, amargadas y en pobreza. Conozco a madres que llegan a ser abuelas, que luego de ser estrictas y autoritarias, ahuyentan a sus descendientes, y aunque las semillas del desprecio y la militarización inhumana de la disciplina fueron pocas, marcaron para siempre la vida de sus descendientes y no desean compartir con ellas sus últimos días.

SE COSECHA DE LA MISMA SEMILLA DE LO QUE SE SEMBRÓ.

"Si siembras naranjas cosecharás naranjas, si siembras aguacates cosecharás aguacates". Muchos caminan por la vida pensando que si siembran cebollas cosecharán melocotones. Lo que significa que dependiendo de nuestras acciones, podemos esperar resultados para el futuro.

LA COSECHA PUEDE TRASPASAR GENERACIONES

Algo muy interesante es cómo la cosecha puede traspasar las generaciones. De acuerdo a las leyes de la herencia los genes hereditarios pueden aparecer en varias generaciones.

En mi experiencia en el ministerio he visto como alguna señorita es lasciva, y al verla uno reflexiona y se pregunta ¿de quien heredó esto, si conozco a sus padres y son personas tan honorables? Pero al investigar podemos encontrar en su genealogía una abuela o bisabuela que era así. Esto significa que de la misma naturaleza de lo que se siembra será la cosecha.

REFLEXIONES SOBRE SIEMBRA Y COSECHA

SI SIEMBRAS	COSECHAS
Paciencia	Comprensión
Negocio	Dinero
Humildad	Exaltación
Amor	Felicidad
Amistad	Compañía
Trabajo	Productividad
Liderazgo	Equipo
Práctica	Habilidad
Trabajo en equipo	Cooperación
Servicio	Bondad
Atención familiar	Familia Integrada
Actividad	Dinamismo
Estudio	Conocimiento

MI MADRE UNA ABUELA EXCEPCIONAL

Mi madre como una mujer que inspira está plenamente consciente de eso, y he notado en ella las siguientes características que la hacen destacarse como abuela que siembra generosamente en sus nietos.

- Ama a los ocho nietos de igual manera sin mostrar preferencia.
- Todos se sienten igualmente amados y consentidos por ella.
- Les muestra firmeza en los asuntos espirituales.

- Es generosa compartiendo con ellos todas las veces que pueda, aunque sea algo sencillo.
- Si llega a visitarlos nunca llega con las manos vacías, siempre lleva algo de comer (que ella ha preparado, o comprado), y siempre busca juguetes, ropa o algo que les sirva.
- Si va de viaje, todos van a estar ansiosos esperando ver lo que les trajo, porque saben que aunque no haya comprado nada para ella, siempre traerá algo muy especial a cada uno.
- En muchas culturas está generalizado que se quiere mas a los hijos de la hija mujer. Los hijos de mis hermanos varones se sienten con el mismo derecho que los míos.
- Si la llaman a las 9:00 o 10:00 de la noche, pidiendo un jugo o simplemente auxilio porque tienen temor, ella tomará el carro y los consolará y les llevará lo que necesiten hasta tranquilizarlos.
- Si tienen necesidad de alguna cosa, no dudarán en decirle a ella que seguramente se los dará.
- Si tienen necesidad de ayuda espiritual, acudirán a ella para consejería, oración y ministración y con seguridad encontrarán en ella un refugio.
- Pero no por ser generosa y amorosa, va a tolerar y dejar pasar en sus vidas el pecado y la falta de compromiso con Dios. Saben que tendrán una fuerte reprimenda de su parte si desacatan la ley de Dios.
- Cuando por alguna razón tienen que quedarse a su cuidado en ausencia de sus padres, se sienten amados, seguros y protegidos por ella como si estuvieran con sus progenitores y aprovecha este tiempo para instruirlos en: La palabra de Dios, principios morales y éticos. Además de formarles el hábito de la oración .
- No les permitirá expresarse mal de ningún miembro de la familia sanguinea, política o espiritual.
- Ejerce tanta autoridad espiritual en la vida de cada uno de ellos, que si hacen algo incorrecto aún a escondidas de ella se sentirán redargüidos, pensando que diría ella al respecto.

Al estar escribiendo estas palabras, es imposible continuar sin estar derramando lágrimas de agradecimiento a Dios por haberme dado a mí esta madre, y a estos nietos esta abuela.

Pero tendría una gran deuda con el mundo si no compartiera con sinceridad los SECRETOS de una mujer generosa como es mi madre y como ella ha decidido traspasar la barrera generacional con este legado de generosidad y amor que está dejando a su descendencia.

Pregunto, ¿de que otra manera podría ella dejar una herencia a sus nietos? ¿apreciarían mas que les dejara $1.000.00 dolares? ¿Que trascendería mas a su descendencia?. Este si que es un gran secreto para aquellas madres y abuelas que deseen inspirar a los demás.

Sembrando tanta generosidad, la cosecha será: una mujer rodeada de aprecio, compañía, amor, cuidado, salud y sonrisas.

Esta es la importancia de comprender que la cosecha es mayor que la siembra.

RAZONES PARA DAR

1.   NO SE NECESITA MUCHO PARA VIVIR BIEN

Realmente para ser feliz, y vivir bien, no es necesario tener mas de lo que se necesita día con día. Por ejemplo no se puede comer mas de lo que el estómago resista. No puede usar demasiada ropa a la vez. No puede manejar dos carros al mismo tiempo. Solo puede vivir en una casa.

Cuando las grandes mujeres llegan a esta conclusión se dan cuenta que compartir es producto de una mente muy grande.

"Después de tantos años de estar estudiando la ética, he llegado a la conclusión que toda ella se resume en tres virtudes: coraje para vivir, generosidad para convivir y prudencia para sobrevivir" Fernando Savater

2. HAY MAS SATISFACCIÓN EN DAR QUE EN RECIBIR

Hechos 20:35 ... recordar las palabras del Señor Jesús, que dijo:"más bienaventurado es dar que recibir." Cuando se comparte, se experimenta un gozo mayor que al recibir.

"la venganza dura solo un día, la generosidad te puede hacer feliz toda la vida" Rosa Lexemburgo

3. CUANTO MAS AYUDAS A OTROS A ALCANZAR SUS SUEÑOS, MAS RÁPIDO ALCANZARÁS LOS TUYOS

Cuando se ayuda al prójimo a alcanzar sus metas, es mas fácil alcanzar las propias. Cuando un maestro enseña se dice que aprende dos veces, y se vuelve experto en el campo que desempeña. Además Dios bendice al que ayuda. *"Echa tu pan sobre las aguas que a su tiempo lo recogerás"* Eclesiastés 11:1

"La generosidad habla más que mil palabras",
Berlin Madrid de Guillén

"Si deseas ser escuchada, comparte y no encontrarás resistencia"
Berlin Madrid de Guillén

RELATOS DE SIEMBRA Y COSECHA DE MI MADRE.

- ### UNA COSECHA MILAGROSA

Una de las historias de siembra y cosecha mas grande que he conocido fue la de mis padres. Como pastores tenían que asistir a conferencias. En esta ocasión la conferencia fue en el extranjero. Estando ellos allí, les pidieron un aporte para sufragar los gastos de la misma. Ellos llevando un escaso presupuesto, se pusieron de acuerdo con la cantidad que darían. Aunque no era mucho, era sacrificial para ellos. En la conferencia les dijeron que se comprometían a orar porque esta semilla diera su fruto.

Pasados los días, ellos de regreso en casa, llegó correspondencia de la conferencia, con una promesa impresa de Deuteronomio 28. Mi madre una mujer de fe, tomó esas promesas como propias. Un día estando yo en casa, tocaron a la puerta y preguntaron si era la casa de mis padres, porque traían un amueblado de comedor nuevo. No se habían ido los que habían llevado el comedor cuando venían con un amueblado de sala, así sucesivamente llevaron camas para todos, cabeceras, lámparas y muebles de cocina.

Fue tanto lo que llevaron que no sabíamos donde poner los antiguos muebles. En un día la casa había sido amueblada.

Esta historia ilustra la cosecha que viene después de la siembra. Mi madre, una persona tan generosa y llena de bondad, literalmente siente compasión por la gente y no vacila en compartir el pan con su prójimo.

- REGALANDO UN CASA

En esta ocasión, mi madre conoció a una mujer que siendo víctima de incesto había concebido de su padrasto, quien al mismo tiempo convivia maritalmente con la madre de ella. El era un abusador físico, que en estado de ebriedad golpeaba a ambas. Un día cuando él las estaba golpeando, decidieron defenderse de tanto abuso y le dieron muerte . La madre cargó legalmente con la culpa y fue a prisión, para que la hija pudiera criar a sus nietos. La madre de los niños posaba en una humilde vivienda. Ante esta trágica situación, mi madre viendo el dolor de esta mujer, decidió conseguirle una casa, poniendo a mi padre como fiador y pagando ella de su propio gasto las mensualidades de la casa. Aunque era una vivienda popular era difícil para mi madre colectar el dinero mensualmente. Pero con amor y sacrificio culminó de pagar hasta la última parte. Ahora ella estaba tranquila de que esta mujer y sus hijos tendrían un lugar seguro donde vivir.

- CONSTRUYENDO UNA CASA PARA OBSEQUIAR

Nadie pensaría en regalar una casa. Si alguien piensa en hacer una casa es para incursionar en el negocio de los bienes raíces. En esta ocasión mi madre viendo que una familia que asistía a la iglesia no tenían donde vivir y que eran varios hermanos que habían venido del interior de la república, no teniendo una casa propia eran víctimas de muchos vejámenes teniendo que alquilar. Ella sin tener ingreso fijo alguno, compró un terreno pidiendo ayuda a otras personas con capacidad económica. Construyeron sala, comedor, cocina y dos dormitorios. Esta casa dio a esta familia estabilidad, sentido de pertenencia, refugio, protección y una plataforma para desarrollarse en la ciudad. Varios de sus miembros se hicieron profesionales . Esto es lo que la generosidad puede hacer. El negarse a uno mismo y usar su influencia para conseguir recursos y ayudar a otros puede cambiar el rumbo de una generación.

¿CUAL HA SIDO SU COSECHA?

- Hijos exitosos y en el ministerio.
- Prosperidad suficiente para ella y compartir con otros .
- Gozar de buena salud.
- Mantener un ministerio exitoso en la iglesia.

"Quien considera el dinero como sinónimo de éxito es un fracasado"
Berlin Madrid de Guillén

Un ejemplo muy hermoso de grandeza de vida es el análisis de las características del águila, de la cual podemos aprender grandes lecciones a saber:

La Serie de libros de la colección "Águilas en las Alturas" escritos por Guillermo Zúñiga, nos presenta datos relevantes sobre la vida de las águilas y la forma extraordinaria en que cuidan a su familia. Dios nos compara con las águilas constituyéndose en el animal más inspirador del cual tenemos mucho que aprender, algunas de sus características más relevantes relacionadas con la vida en familia son las siguientes.

AGUILAS INSPIRADORAS

"Existen varios tipos de águilas y habitan en diversas regiones. Las águilas fueron creadas para morar en las alturas, su pico y sus garras con consideradas como armas letales. Construyen sus nidos en lo más alto de las rocas o copa de árboles. Sus nidos los hacen con los mejores materiales; ramas, palos, cueros frescos, espinas para protección y ramas aromáticas para repeler a los insectos que pudieran llegar a molestar a los polluelos.

Las águilas son respetuosas. En las águilas existe una especie de código de ética, basándose en el respeto de todo lo que manda su código de subsistencia. La pareja que anida primero en una región, ejerce dominio absoluto sobre el mismo en un área de 10 kilómetros; otras águilas pueden llegar a cazar en ese territorio, pero no pueden anidar.

Las águilas son precavidas. Investigaciones realizadas por algunas universidades europeas indican que las parejas de águilas construyen "nidos alternos", esto significa que pueden llegar a construir hasta más de veinte nidos de los cuales solamente un nido ocupa. La explicación es que los nidos alternos, los construyen como reservorio, es decir si el nido principal se destruyera por cualquier causa, tienen previsto un lugar seguro a donde trasladarse y su familia no se quedará desprotegida de su propia vivienda.

Las águilas protegen a su familia, les brindan los mejores alimentos, cazan todos los días y siempre son cazadoras, nunca la presa. En el nido nunca les faltará el alimento. Generalmente es el macho el que sale a cazar y la hembra se queda al cuidado de sus crías, los vigila, los protege y les brinda toda la seguridad y alimento que necesiten.

Las águilas tienen visión y son expertas en vuelos de altura. Son pacientes, saben esperar las corrientes térmicas y en picada alcanzan velocidades muchas veces superiores a 250 kilómetros por hora. El águila pescadora divisa a su presa desde muy alto y se lanza majestuosa como experta planeadora disminuyendo su velocidad en el momento en que hace contacto con el agua y clava sus garras en el pez que llevará hasta su nido.

La madre ama a sus crías, los acompaña y les enseña a volar, los lanza desde lo alto y ve como cada aguilucho se precipita a tierra, pero ella permanece atenta, vuela y lo levanta de nuevo, y lo vuelve a lanzar hasta que aprenda a volar y llegue a realizar sus propios vuelos, hasta el día que sus hijos abandonan el nido para ir en pos de poner en práctica todo lo que aprendieron de sus padres.

El cortejo nupcial es un evento de mucho riesgo; desde lo alto el macho cae de espaldas y la hembra lo sostiene con sus garras, ella decide en qué momento lo soltará, si el macho demuestra su confianza, se deja llevar en la caída por la hembra, confía en que ella tiene el control, si el macho no se desespera y es paciente en la caída, la hembra lo soltará en el momento justo y lo tomará como su pareja para toda la vida. Si, las águilas conservan a su misma pareja para toda la vida. La fidelidad entre estos animales es impresionante". (1)

SECRETOS DE FE:

LEA:

La generosidad atrae fama sin buscarla.	"Pero el generoso pensará generosidades, y por generosidades será exaltado". Isaías 32:8
El que da a otros, a sí mismo se bendice.	"El que es generoso, progresa; el que siembra, también cosecha.." Proverbios 11:25 TLA
El que a tu hijo ama, tu boca endulza.	" Servir al pobre es hacerle un préstamo al Señor; Dios pagará esas buenas acciones.". Proverbios 19:17 NVI

ORE:

Amado Dios gracias por ser un ejemplo de generosidad, tú me has dado tanto, por favor ayúdame a dar sin esperar nada a cámbio, deseo experimentar el gozo de dar. Bendice a las personas que han sido generosas conmigo. Permite que pueda nacer en mi corazón el gozo de dar sin esperar nada a cambio. En el nombre de Jesús. Amén

ACTÚE:

Haga una lista de las personas que a su criterio han sido generosas con usted.

Escriba tres actos de generosidad que usted ha hecho en toda su vida.

Escriba el nombre de cinco personas con las cuales usted podría compartir algo sin esperar nada a cámbio.

Cuarto Secreto...

La Mujer que Inspira sabe

Manejar Conflictos

Conozca la grandeza de la templanza y será más feliz

La Mujer que Inspira sabe
Manejar Conflictos

Las mujeres que inspiran han aprendido el difícil arte de MANEJAR CONFLICTOS. Todas las mujeres no importando su edad, raza, nivel socioeconómico, nivel intelectual o área geográfica enfrentan y enfrentarán conflictos. La mujer que a continuación presento ha impresionado mi vida por su capacidad de manejar los conflictos, desafiándo la difícil represión causada por la esclavitud, sacó fuerzas de flaqueza para ir contra el régimen y hacer grandes hazañas.

HARRIET TUBMAN

Nacida como Araminta Ross en 1820 y fallecida el 10 de marzo de 1913. Luchó toda su vida por la libertad de los afroamericanos durante la Guerra Civil estadounidense. Tras escapar de la esclavitud, realizó trece misiones de rescate en las que liberó cerca de setenta esclavos, utilizando la red antiesclavista conocida como ferrocarril subterráneo. Posteriormente ayudó a John Brown tras su toma del arsenal de Harpers Ferry y tras la guerra luchó por conseguir el sufragio para las mujeres. Nació en esclavitud en el Condado de Dorchester, Maryland.

Durante su niñez fue apaleada y golpeada con látigo por varios de sus propietarios. A los seis años empezó a trabajar como niñera para cuidar el sueño de un bebé y si este lloraba, a Harriet la azotaban como castigo por el llanto. Siendo adolescente, sufrió una fuerte herida en la cabeza, cuando uno de sus propietarios la alcanzó accidentalmente con un objeto pesado que había lanzado contra otro esclavo. Como consecuencia de la herida, sufrió ataques de apoplejía, dolores de cabeza, visiones y episodios de hipersomnia a lo largo de toda su vida. Devota cristiana, atribuía sus visiones y sueños a premoniciones divinas y su valor como esclava disminuía cada vez más por sus padecimientos.

HAZAÑA DE VALENTIA

En 1849, Tubman escapó a Filadelfia. Tras ello, regresó inmediatamente a Maryland para rescatar a su familia. Poco a poco, fue sacando del Estado a sus diversos parientes, en ocasiones guiando personalmente a docenas de esclavos hacia la libertad. Viajando de noche y en extremo secreto, siempre en las noches de invierno, Tubman (o «Moses», como era llamada) "nunca perdió un pasajero". A lo largo de los años se ofrecieron diversas recompensas por la captura de los esclavos que escaparon, pero nunca se supo que Harriet (La pequeña esclava que nadie quería comprar), era quien estaba ayudándolos.

Cuando la Ley contra los esclavos fugitivos se aprobó en 1850, ayudó a muchos esclavos a huir hacia Canadá. Harriet se disfrazaba para no ser reconocida y cuando alguno de los esclavos se arrepentía y quería regresarse, ella le apuntaba con un revolver amenazando con matarlo si decidía regresar a la esclavitud, también llevaba somníferos para darle a los niños y que estos no lloraran durante el viaje de escape.

MATRIMONIO

Tubman cambió su nombre, de Araminta a Harriet tan pronto se casó, aunque la fecha exacta se desconoce. Se sugiere la posibilidad de que el cambio se realizara inmediatamente después de la boda, desde entonces Tubman planeaba escapar de la esclavitud. Adoptó el nombre de su madre como parte de su conversión religiosa o en honor a una hermana desaparecida. Su esposo contrajo matrimonio con otra mujer, durante el escape de Harriet, cuando ella regresó a traerlo para llevarlo con ella, se enteró de que su esposo pertenecía a otra mujer. (1)

Vemos como Tubman se armó de valor para huir y luego idear un plan para hacer viajes de rescate e inventar la forma, el sistema para dar libertad a sus familiares y amigos. No sólo se armó de valor sino ideó una manera para no dar marcha atrás, y no ser descubierta.

Esto me hace pensar que a cada mujer inspiradora, Dios le puede dar la sabiduría para solucionar los problemas que se le presenten día a día. Aunque las situaciones no sean las mismas, Dios sí es el mismo que puede darnos la salida a cada problema. Recuerda que *"He aquí que yo hago cosa nueva: pronto saldrá a luz ¿no la conoceréis? Otra vez abriré camino en el desierto, y ríos en la soledad."* Isaías 43:19

ACTITUDES PARA PREVENIR EL CONFLICTO

Hay ciertas actitudes que debemos observar antes de enfrentarnos a situaciones problemáticas.

1. Reconocer que el conflicto es algo inevitable.

2. Estar conscientes que cuando se ofende a alguien, está la responsabilidad bíblica de solucionar el conflicto.

Esto significa ir directamente con la persona en lugar de formar una emboscada para embestirla.

3. Hay personas mas propensas a crear conflicto y son las personas que no son emocionalmente saludables.

¿CON QUIÉNES TIENEN CONFLICTO LAS MUJERES GENERALMENTE?

Con los grupos con los que tiene que interactuar diariamente.

- LA FAMILIA: Estar al frente guiando su familia, es causa de conflicto cuando desea aplicar normas a las cuales éstos se resisten.

- EL VECINDARIO: Convivir con la comunidad aledaña trae roces. Este problema es común entre las mujeres, porque son las que se mantienen en casa.

- EL TRABAJO: La mujer que trabaja fuera de casa, siempre está pendiente de su hogar. Y si no cuida bien las relaciones, puede tener conflicto en el donde labora, por ser despreciada o querer ejercer dominio sobre el grupo, como si fuera su hogar. Generalmente las mujeres de mayor edad toman el hábito de dar consejos a todos los demás, pensando que su experiencia les autoriza juzgar el trabajo de su compañeros.

- LA IGLESIA: Ya sea que se involucre o no en la iglesia, puede llegar a sentir resistencia en cuanto a la opinión respecto a los demás. Por eso es muy importante que estemos conscientes de que aún en las iglesias vamos a encontrar conflicto.

- EN SU INTERIOR: Regularmente la mujer puede manejar conflictos internos como producto de rechazos e inseguridad que haya sufrido. La mujer que ha sido rechazada desde niña, va a tolerar el rechazo de su cónyuge, y esto le causará inconformidad.

COMO MANEJAR LA CRÍTICA

Evaluando lo que realmente quieren decir las críticas. Se puede evaluar el verdadero significado detrás de las palabras de una crítica, pero puede ser que se necesite leer entre líneas.

No juzguéis, para que no seáis juzgados. Porque con el juicio con que juzgáis, seréis juzgados, y con la medida con que medís, os será medido. Mateo 7: 1-2

Veamos algunas posturas:

1. NO SÉ:

    Esta persona puede estar criticando por considerar que tiene información insuficiente. Podría ser que esté diciendo: "Quisiera saber mas antes de dar todo mi apoyo". Esta persona necesita tiempo para hacer preguntas y necesita que le sean dadas respuestas sinceras.

2. NO DESEO EL CAMBIO:

    Esto puede significar: "Me gustan las cosas tal y como están y han estado, no entiendo la razón por la cual se deben cambiar". Con esta persona se debe honrar y celebrar lo que se ha hecho antes. También hay que darle un panorama claro y específico de los planes a futuro. También necesita tiempo para expresar sus dudas, temores y es necesario alentarlo.

3. NO HE SIDO TOMADO EN CUENTA:

Puede ser que la crítica esté diciendo: No siento haber sido parte de este proceso. No quiero sentir que me están obligando a aceptar algo sobre lo cual no he sido comunicada y no he tomado decisión. Son el tipo de personas a las cuales hay que darles tiempo para pensar antes de tomar una decisión. Necesitan hacer suyo el proceso.

4. USTED LO HACE TODO MAL

Este es el crítico que puede ser desconcertante para el líder, y que necesita mucho tiempo para ser escuchado. Y si en algo tiene razón hay que dársela y esto también nos ayuda para saber y pensar que no somos infalibles en nuestras decisiones.

5. AQUÍ ESTOY OTRA VEZ

Es el crítico que mas frustra, porque continuamente se está quejando. Normalmente sus palabras son muy distintas a lo que desea exteriorizar. El verdadero significado de su comentario es que está tan infeliz con su vida, que se niega a ver algo positivo. Este es el tipo de persona que necesita desesperadamente que le pongan atención. También podría significar que se siente invalidado en muchas áreas de la vida, y encuentra aquí una manera de ejercer alguna apariencia de control. Esta persona necesita amor, que se le escuche, entienda y no tanto que se le de una respuesta a la crítica.

"Los labios mentirosos son abominación a Jehová pero los que hacen bondad son su contentamiento". Proverbios 12:22

CLASIFIQUEMOS LAS CRÍTICAS

En el transcurso normal de las cosas y los problemas que normalmente se dan es muy bueno anticiparnos a las críticas que pudieran venir. Y esto se puede hacer clasificando mentalmente los tipos de críticas. O sea tratar de ver el espíritu o la intención detrás de la misma.

1. PERSONAS QUE RECHAZAN LA AUTORIDAD

    Estos críticos no respetan ninguna autoridad, excepto la suya. Ellos consideran que hay que cuestionar cualquier autoridad. Desde niños fueron enseñados a desafiar a sus padres. En sus escuelas desafiaban a los maestros. En el trabajo desafían a sus jefes. Y ahora le desafían a usted simplemente por estar en autoridad.

2. PERSONAS CON CUALIDADES NATURALES DE LIDERAZGO QUE SON DIFERENTES AL GRUPO

    Estas personas tienen mucha capacidad y tienen dones naturales de liderazgo, por lo cual muy fácilmente se convierten en líder de sus compañeros, y sienten que deben estar en oposición para cumplir su función. Cuanto mas capaces son, más difícil es para el líder trabajar con ellos.

3. PERSONAS QUE CRITICAN PARA HACER ALARDE DE SUS CONOCIMIENTOS

    Cuando ellos son expertos en algo, siempre considerarán que los demás no saben nada de esa área y a menudo van a criticar. Por ejemplo una experta en la cocina siempre va a criticar la sazón de sus compañeras.

4. CRÍTICOS DE OFICIO:

Personas cuya costumbre natural es criticar lo que venga. Cada nueva idea se convierte en una excelente ocasión para armar escándalo.

5. PERSONAS QUE CRITICAN PARA DESAHOGARSE DE SUS PROPIOS PROBLEMAS

Son personas que como dice un dicho popular "buscan quién se las paga no quién se las debe". Critican permanentemente, su crítica es mas personal que organizacional, su fundamento es su ego, no lo correcto. Una persona insatisfecha consigo misma a menudo transfiere la insatisfacción a otros. En este caso la persona vive frustrada en su ámbito y aprovecha cualquier oportunidad para descargar frustración, y cuando se le confronta nos damos cuenta que es problema de su interior.

6. CRÍTICOS SINCEROS, HONESTOS E INTERESADOS.

Siempre hay buenas personas que se sienten realmente responsables por el buen funcionamiento de la institución. Que aman y observan con detenimiento las necesidades de la misma y tratan genuinamente de hacer propuestas que aporten. Observan el problema y proponen soluciones. Por lo tanto cuando emiten una crítica deben ser tratadas con respeto, atención y cortesía. Los buenos críticos son como boyas en el río la mantienen dentro del canal.

Al estar trabajando en equipo, como normalmente tenemos que hacerlo las mujeres, en el hogar, en el trabajo, en el club, en el vecindario, tenemos que analizar la crítica, responder a ella con moderación y analizar lo significa entre líneas.

Estando en el ministerio de niños de mi iglesia un domingo por la mañana, oí como un hombre estaba gritando fuertemente a una maestra, a lo cual no pude hacer oídos sordos y fui a ver que estaba pasando. Sucedía que él quería dejar a sus tres niños en una sola clase para que la mayor cuidara de los menores, aduciendo que temerían al verse solos. Tuve que contener mi instinto natural y pedir a Dios cordura y templanza para confrontar a este hombre que gritaba en el pasillo a una joven, que solamente estaba cumpliendo con las normas establecidas.

Cuando le abordé y pregunte que sucedía, me contó que su esposa lo había abandonado y que él se encargaba de los tres niños durante toda la semana, incluso los dejaba solos durante las horas de su trabajo. El estaba demostrando la gran frustración que vivía durante toda la semana. Después de tener consejería con este individuo, llegamos a la conclusión que oraríamos porque su hogar se restaurara, y lo llevé a que pidiera perdón a su esposa por el daño que le pudo haber causado, a tal punto de huir dejando a sus hijos. El reconoció que había sido áspero con ella, razón por la cual ella lo había abandonado.

Lo mismo puede suceder en cualquier circunstancia que afrontemos. Debemos saber leer entre líneas el motivo de la crítica, y esto nos ayudará a entender que no siempre la crítica es contra nosotros.

ACTITUDES PARA ENFRENTAR LOS CONFLICTOS

La mujer inspiradora, no se deja llevar por las consecuencias que traen consigo los conflictos. Los analiza y valientemente los enfrenta. Algunas actitudes que puede tomar para enfrentar los conflictos son:

• ORACIÓN: Ef.6:18 "Orando en todo tiempo…" El primer recurso al que la mujer puede acudir es exponiendo todo ante Dios y pidiendo sabiduría para esa dificultad.

• FORTALEZA: Dios tiene que dar a cada mujer una fuerza interna que debe venir de El y de estar segura del valor que ella tiene delante de Dios y de sus semejantes. Si la mujer no comienza por valorarse a ella misma, nadie más lo va a hacer, y esta inseguridad es la que ella va a proyectar. En muchos casos la mujer va a ser tratada de acuerdo al concepto que tenga de sí misma.

• TEMPLANZA: Es el equilibrio en la reacción. Es pensar y actuar sabia y prudentemente en la solución de conflictos. Las mujeres explosivas e impulsivas, terminan ofendiendo y rompiendo relaciones. Hablar desmedidamente en el fragor del momento puede hacernos decir lo que no queremos y echar todo a perder.

• DISCRECIÓN PARA HABLAR: Debemos ser discretas al emitir nuestra opinión. *Prov. 2:11 "La discreción te guardará, Te preservará la inteligencia".* Cuántos problemas evitaríamos si simplemente no dijéramos todo lo que pensamos.

• CLARIDAD DE PENSAMIENTO PARA PROPONER OPCIONES: La mujer que inspira piensa muchas maneras de dar solución al conflicto. En Proverbios 31 vemos a una mujer multifacética, que se mueve en tantos campos de acción, mostrando a su familia soluciones. Cada mujer debe pedir a Dios la guianza para enfrentar y solucionar los conflictos especiales que se le presenten.

CREATIVIDAD: Esto nos lleva a tener iniciativa, lo cual significa inteligencia para desarrollar opciones. *Salmo 49:3 "Mi boca hablará sabiduría, y el pensamiento de mi corazón inteligencia".* Por ejemplo: Una mujer creativa hace de todos los sobrantes de comida de la semana un banquete y le llama día de "bufé", y hace que los hijos den gracias a Dios por esa variedad de comida.

• ACTIVA Y PRÁCTICA. Cada mujer inspiradora actúa, pone manos a la obra, prueba sin temer mucho al fracaso, se da permiso a equivocarse, pero emprende la acción.

Tenemos que aprender a manejar y solucionar los conflictos sabiendo que Dios está de nuestra parte dándonos sabiduría.

SECRETOS DE FE:

LEA:

Evite el odio	El odio despierta rencillas; pero el amor cubrirá todas las faltas. Proverbios 10:12
Evite pregonar las faltas de sus compañeros.	El que cubre la falta busca amistad; mas el que la divulga, aparta al amigo. Proverbios 17:9
Sea tolerante y perdone	De modo que se toleren unos a otros y se perdonen si alguno tiene queja contra otro. Así como el Señor los perdonó, perdonen también ustedes. Colosenses 3:13 (NVI)
Respete a sus autoridades	Sométase toda persona a las autoridades superiores; porque no hay autoridad sino de parte de Dios, y las que hay, por Dios han sido establecidas. De modo que quien se opone a la autoridad, a lo establecido por Dios resiste; y los que resisten, acarrean condenación para sí mismos Romanos 13
No de lugar a la ira	La blanda respuesta quita la ira; Mas la palabra áspera hace subir el furor. Proverbios 15:1
No Juzgue	No juzguen a otros, para que Dios no los juzgue a ustedes. Mateo 7: 1 DHH

ORE:

Amado Dios, gracias por darme las herramientas bíblicas para solucionar conflictos y evitarlos, ayúdame Jehová a buscar tu ayuda para resolver cualquier problema, dame la sabiduría para solucionar los conflictos en mi familia, iglesia y trabajo. Te pido que mes des templanza cada vez que afronte un conflicto, y paciencia para resolverlo. Tu sabes mas que yo lo difícil que es relacionarse con otros sin que haya conflicto, pero tu me puedes dar la paciencia y la sabiduría necesarias para resolver y saltar todo osctáculo por el poder de tu Espíritu Santo. Te lo pido en el nombre de Jesús. Amén

ACTÚE:

Piense cual ha sido la manera en que usted normalmente enfrenta los conflictos.

Describa lo que aprendió en este capítulo sobre las diversas maneras en que se pueden resolver los conflictos.

Describa las maneras en que se puede interpretar una crítica.

Propóngase de ahora en adelante tomar otras medidas antes de estallar en ira o en depresión cuando llegue el conflicto.

Quinto Secreto...

La Mujer que Inspira es

Devota

Atraiga el poder de Dios a su vida y los problemas cambiarán

La Mujer que Inspira es

Devota

La mujer que inspira es una mujer devota a Dios, que combina la oración, la lectura de la Biblia, el servicio a Dios y el hogar.

"Y estas palabras que yo te mando hoy, estarán sobre tu corazón; y las repetirás a tus hijos, y hablarás de ellas estando en tu casa, y andando por el camino, y al acostarte, y cuando te levantes. Y las atarás como una señal en tu mano, y estarán como frontales entre tus ojos; y las escribirás en los postes de tu casa, y en tus puertas". Deuteronomio 6:6-9

Cuando vemos y analizamos algunas figuras notables de la historia, no podemos pasar por alto a Juan Wesley; aquel inglés del siglo XIII al cual se le atribuye la fundación del movimiento metodista y que fue capaz de ayudar a miles de personas de su época.

La labor que este hombre realizó en Inglaterra fue portentosa, grande y marcó la historia de los ingleses. Fue un hombre que sirvió a Dios durante su generación e impactó muchísimas vidas hasta el día de hoy. Pero cabe resaltar que la que tiene el mérito de haber llevado a su hijo a tal nivel fue su madre Susana.

Susana fue la última de 24 hijos, nacida en 1669 en una familia inglesa acomodada. Esta última niña fue la hija mimada de su padre Samuel Annesley. En esa época en Inglaterra no se daba ninguna educación a las niñas. Pero como su padre la amaba tanto la educó de manera excelente, y le permitía estar en su estudio mientras hombres famosos se reunían allí para discutir temas importantes y filosofía. Esto dio a Susana una gran seguridad y formación intelectual, que con el tiempo sirvió de base para la formación integral de sus hijos.

A la edad de diecinueve años de edad se casó con Samuel Wesley quien era un gran intelectual y gozaba de mucha fama, pero aparentemente no era buen administrador pues por veinticinco años la familia sufrió apuros económicos.

De los 19 hijos que Susana dio a luz, solo diez lograron sobrevivir, y dedicó su vida completa a la formación espiritual, moral e intelectual de ellos. Hizo de esta tarea el objetivo de su vida.

Más adelante su hijo John le pidió que escribiera sobre como había educado a sus hijos a lo que ella contestó. "No me gusta escribir sobre mi forma de enseñar. Creo que no serviría de mucho que alguien supiera cómo yo, que he vivido una vida de retiro por muchos años, empleé mi tiempo y cuidados en criar a mis hijos. Nadie puede, sin renunciar al mundo, en el sentido más literal, llevar a cabo mi método; y hay muy pocos, si es que hay alguien que pudiera dedicarse por entero durante los mejores veinte años de su vida a salvar el alma de sus hijos, la cual se cree que puede salvarse sin mucha dificultad: por eso fue mi principal preocupación". (1)

Dedicó los mejores 20 años de su vida, a la crianza de sus hijos, les enseñó a trabajar disciplinadamente, dividiendo su día en secciones, por eso les llamaban metodistas, porque trabajan de acuerdo a un método. Este sistema y el amor y la entrega completa de una madre a la enseñanza y educación de sus hijos hicieron de Charles Wesley uno

de los mayores himnólogos que la historia ha producido, escribiendo mas de mil doscientos himnos. Produjo a Juan Wesley hombre al cual se le atribuye haber delineado el carácter de Inglaterra.

El impacto que él produjo se hace sentir hasta nuestros días. Es probable que usted no tenga la oportunidad de dedicarse completamente a la crianza de sus hijos como lo hizo Susana, pero sí puede hacer todo lo que esté de su parte para realizarlo.

En el relato de la vida de Susana Wesley podemos observar un balance perfecto entre combinar las tareas del hogar, el estudio secular y el servicio a Dios. Vemos como la sabiduría y templanza de esta mujer produjo hijos templados y con fuertes convicciones no solo de la fe cristiana sino en el servicio a Dios.

COMO COMBINAR EL HOGAR Y EL SERVICIO

Las mujeres inspiradoras han encontrado al igual que Susana Wesley el secreto de combinar el ministerio con el servicio y el trabajo. Conozco mujeres que han encontrado un tesoro en ese balance, asimismo otras que se van a uno de estos extremos, y terminan perdiendo sus hijos para Dios.

ACTITUDES CORRECTAS PARA INVOLUCRAR A LOS HIJOS EN LA FE CRISTIANA

La mujer cristiana debe observar ciertas actitudes para poder influenciar a sus hijos en el temor de Dios. Éstas son algunas de ellas.

1. EL IMPACTO DE VER A SU MADRE ORANDO Y LEYENDO LA BIBLIA

Muchas mujeres por prudencia no dejan a sus hijos ver cuando ellas practican estas disciplinas espirituales, pero es muy importante que ellos las observen, hincadas a la orilla de la cama orando, y leyendo la Biblia. Mi papá me cuenta como su madre se levantaba todos los días a las cuatro de la mañana a orar recio, esto despertaba a los pequeños niños y los hacía sentir mal de no levantarse a orar con ella y seguían durmiendo, pero observar este hábito diariamente durante toda la vida dio por resultado seis hijos con convicciones firmes hacia el evangelio. *"Orando en todo tiempo con toda oración y súplica en el Espíritu, y velando en ello con toda perseverancia y súplica por todos los santos"Efesios 6:18.*

2. ESTAR CONVENCIDA DE QUE EL SERVICIO A DIOS ES PARTE DE LA HERENCIA PARA SUS HIJOS

Los hijos aprenden mucho más observando a sus mayores. He visto como la sola acción de estar involucrado sirviendo a Dios, hace que los niños observen y graben en su corazón que esa es la manera de agradar a Dios, de obedecer los principios bíblicos. Ellos grabarán en su mente y en su corazón que servir a Dios es una práctica normal dentro de su hogar, y esto es lo que van a imitar. Conozco a unos amigos que son anfitriones de una célula, su hija de 3 años se ilusiona porque "van a llegar los hermanos" pasa toda la semana hablando de eso. Lo cual indica que ella ha absorbido la actitud positiva que sus padres tienen al respecto.

"Los hijos no hacen lo que los padres les dicen sino lo que hacen"

ACTITUDES PARA INVOLUCRAR A LOS HIJOS EN EL MINISTERIO

1. LOS HIJOS DEBEN SENTIRSE SEGUROS DEL AMOR DE SUS PADRES. ESTE DEBE SER INCONDICIONAL

Existen madres que condicionan el amor y la seguridad del hogar a reglas internas lo cual es un gran error, el hijo debe sentirse seguro en cuanto a que no importando su orientación vocacional, el contará con el apoyo de sus padres. Conozco un padre cuyo hijo no quiso manejar sus negocios, por no sentir vocación de hacerlo, lo cual redundó en que el padre lo desheredara completamente. El hijo debe estar seguro que si actúa correctamente, no importa que profesión escoja será bien recibido por los padres. Esto le dará seguridad emocional para partir a cualquier destino.

2. NO RECLAMAR EL ESFUERZO QUE SE HACE EN TRABAJAR PARA PROVEERLES LO NECESARIO

Si bien es cierto que los niños deben saber el costo de la vida para valorar las cosas, deben captar esa información de la manera mas positiva posible.

Decirles: -niños, este dinero es lo que el Señor ha provisto para que podamos vivir y damos gracias a Dios porque nos lo brinda a través de su padre, quiero que demos gracias a Dios por el sustento y a papá por trabajar duro para ganar este dinero-.

El reclamo ofensivo, culpándoles de la carestía que en determinado momento pudiera surgir en el hogar causa amargura y resentimiento y el deseo de salir de la tutela de los padres lo antes posible.

3. ENSEÑARLES PRINCIPIOS BÍBLICOS SOBRE EL SERVICIO Y LA OBEDIENCIA A DIOS

Enseñarles que esto es una orden divina. Es uno de los requisitos que Dios les ponía en el Antiguo Testamento. "Estas palabras que yo te mando hoy estarán sobre tu corazón y las repetirás a tus hijos" no es una sugerencia, ni mucho menos una pregunta, es una orden. Los hijos deben saber que LA BIBLIA ES NUESTRA ÚNICA NORMA DE FE Y PRÁCTICA, y estar seguros que en casa, papá y mamá obedecen al pié de la letra los principios bíblicos.

4. NO HABLAR MAL DE LA IGLESIA

Muchos padres cometen el error de criticar situaciones con las que no están de acuerdo en su iglesia. Probablemente tengan razón o probablemente no, en cualquier lugar donde haya relaciones entre seres humanos van a existir discrepancias. Pero los comentarios adversos, continuos sobre nuestra inconformidad van a ir dejando una secuela de resentimiento a lo largo de la vida, y cuando lleguen a la adolescencia los padres se preguntarán? ¿Cuál será la razón por la que mi hijo no desea ir a la iglesia? No entiendo, si desde pequeño le he llevado para acostumbrarle. Si, pero no se percató que el niño estaba escribiendo en el banco de sus memorias cada comentario negativo que hacía de la iglesia. Si hay alguna situación en su iglesia con la que no está de acuerdo es mejor no comentarlo ante los hijos.

5. QUE SU SERVICIO A DIOS REFLEJE FELICIDAD

La gente es inspirada por lo que refleja, nadie quiere hacer la actividad del fracasado, esa es la razón por la cual las grandes empresas contratan a la gente de éxito en cualquier rama para anunciar su producto. Mantener una buena actitud con respecto al servicio a Dios es muy importante para que el niño pueda tener ejemplo de una madre que inspira. Nuestra actitud hacia el servicio hablará más a nuestros hijos que nuestra boca.

ACTITUD

Es la relacionista de nuestro verdadero yo.

Sus raíces son internas pero sus frutos son externos.

Es nuestra mejor amiga o nuestra peor enemiga.

Es más sincera y coherente que nuestras palabras.

Es una mirada al exterior basada en experiencias pasadas.

Es algo que acerca a la gente hacia nosotros o la repele.

No está contenta hasta que se expresa.

Es la bibliotecaria de nuestro pasado.

Es el altavoz de nuestro presente.

Es el profeta de nuestro futuro. (2)

BENDICIONES MATERIALES Y ESPIRITUALES RECIBIDAS POR SERVIR A DIOS

Cuando servimos a Dios recibimos bendiciones de toda ìndole, y es menester que le contemos a nuestros hijos para que ellos estén concientes y asi ellos podrán ver como Dios recompensa a los que le sirven. Esto era lo que Dios quería que hicieran cuando El hacía un milagro en Israel. Exodo 10:2 *"y para que cuentes a tus hijos y a tus nietos las cosas que yo hice en Egipto, y mis señales que hice entre ellos: para que sepáis que yo soy Jehová."*

INVOLUCRARLOS EN EL SERVICIO, AUNQUE SEA EN LA MAS MÍNIMA ACTIVIDAD

Uno de los errores más grandes que los adultos cometen es ignorar a los niños pensando que ellos no son adultos, que no tienen capacidad ni madurez para comprender.

"LOS QUE NO ENTIENDEN SON LOS ADULTOS QUE NO ENTIENDEN
QUE LOS NIÑOS YA ENTIENDEN"
Edmundo Madrid

EXPRESARSE CON ADMIRACIÓN DE OTRAS PERSONAS QUE SIRVEN

Cuando los adultos expresan admiración por personas ejemplares que sirven a Dios, los niños lo atesoran en su corazón y piensan, algún día seré como esa persona.

PREMIAR EL HABER SERVIDO A DIOS

Después de observar a nuestros hijos servir a Dios, es muy bueno ofrecerles un halago o un premio, podría ser una acumulación de puntos por su participción o paciencia al esperar que sus padres salieran de alguna actividad. De esta manera les dejamos sentir que hay recompensa en tener una participación directa o indirecta en el servicio.

En nuestra experiencia como pastores de una iglesia en donde realizamos 3 cultos cada domingo, decidimos "celebrar como familia, haber servido a Dios todo el dia" tratamos de estar juntos con una comida especial e intercambiar las experiencias obtenidas durante el día.

SERVIR CON BALANCE, ATENDIENDO AL ESPOSO Y A LOS HIJOS DE TAL MANERA QUE NO CULPEN A DIOS POR HABERLES MERMADO LA ATENCIÓN DE SU MADRE

Las mujeres que inspiran deben lograr mantener   un balance perfecto entre todas las actividades que realizan dentro o fuera del hogar. También deben desarrollar su intuición y privilegiar la atención a su familia.

84

Cuando las mujeres no comprenden ese balance, terminan perdiendo a su familia para Cristo y frustrándose ellas.

TURNARSE CON PERSONAS DE LA FAMILIA PARA CUIDAR DE LOS NIÑOS MIENTRAS SE SIRVE

Si hay miembros de la familia que estén dispuestos a tomar turnos para cuidar a los niños, debe considerarse como un privilegio y jamás como una carga. Conozco parejas que se turnan, un día ella se queda con los niños y otro día es él para darse ambos la oportunidad de servir.

ACTITUDES DE MUJERES CON RESPECTO AL SERVICIO

Cuando se trata de servir a Dios, las mujeres presentan diferentes actitudes a saber:

LA IGLESIA NO ES ASUNTO MÍO

Existen mujeres que se muestran indiferentes aunque sus esposos sean devotos fieles, ellas prefieren asumir una actitud desinteresada. A la postre terminan perdiendo a sus hijos para Dios. Un ejemplo de ellas fue la esposa de Lot, que aún teniendo un esposo justo, como la Biblia lo llama, se convirtió en estatua de sal por su desobediencia e insensatez.

QUIERO TODA LA BENDICION DE DIOS, LA MEREZCO PERO NO QUIERO DAR NADA DE MI, NO ME GUSTA EL COMPROMISO

Este tipo de mujeres desean que Dios las bendiga, prospere, guarde y sane, pero no desean hacer ningún compromiso con Él. A la postre terminan fracasadas espiritualmente, con serios problemas en su hogar, con una brecha muy grande entre ellas y sus hijos.

ME ENTREGO POR COMPLETO AL SERVICIO Y DESGASTO A MIS HIJOS Y A MI ESPOSO HASTA QUE DEJO DE SERVIR PARA SIEMPRE

He visto tambien mujeres que empiezan a servir a Dios incansablemente, descuidando a sus hijos, desobedeciendo a su esposo y desatendiéndolo. El resultado es que llevan a su familia a una crisis tal, que los hijos se descarrían de los caminos del Señor y el esposo termina sacándola completamente del ministerio. La mujer inspiradora es sabia y desde el principio guarda un balance que trae bendición para su vida y de su familia.

SIRVO CON MUCHA "APARIENCIA DE PIEDAD" Y EN MI CASA ACTÚO COMO "YO CONSIDERO"

Estas mujeres lejos de ser inspiradoras alejan a su familia de Dios. Esconden otra personalidad en su interior.

Vemos pues, como las mujeres podemos ser piedra de tropiezo para nuestra familia si no usamos la sabiduría de Dios para actuar como es debido.

"Debo servir a otros de acuerdo a mis posibilidades y a la etapa de la vida en la que me encuentro. Entiendo que cada etapa tiene su prioridad"
Berlin Madrid de Guillén

SECRETOS DE FE:

LEA:

2 Timoteo: 1:1-9. Escriba los nombres de estas mujeres madre y abuela de Timoteo y describa como Dios las usó en la crianza de este gran siervo de Dios.

ORE:

Bendito Dios y Padre que estás en los cielos. Te pido que me des la sabiduría necesaria para criar a mis hijos. Para transmitirles la verdad del evangelio e inclinarlos hacia tu servicio. Permite que mi ejemplo sea el mejor, para inspirarlos a servirte. Ayúdame a mejorar mi vida devocional, a tener prudencia y balance entre mi servicio a tí y la atención a mi hogar. Por favor, úsame para dejar una huella inspiradora y positiva en este mundo. En el nombre de Jesús. Amén.

ACTÚE:

Haga una lista de las actividades espirituales que desea que sus hijos observen en usted para inspirarlos en el servicio a Dios. Y haga un recuento de los aspectos que desea mejorar en cuanto a su relación con ellos.

Sexto Secreto...

La Mujer que Inspira es

Sabia

Sus actos dicen más que mil palabras

La Mujer que Inspira es

Sabia

Mujer virtuosa, ¿quién la hallará?
Porque su estima sobrepasa largamente a la de las piedras preciosas.
El corazón de su marido está en ella confiado,
Y no carecerá de ganancias.
Le da ella bien y no mal
Todos los días de su vida.
Busca lana y lino,
Y con voluntad trabaja con sus manos.
Es como nave de mercader;
Trae su pan de lejos.
Se levanta aun de noche
Y da comida a su familia
Y ración a sus criadas.
Considera la heredad, y la compra,
Y planta viña del fruto de sus manos.
Ciñe de fuerza sus lomos,
Y esfuerza sus brazos.
Ve que van bien sus negocios;
Su lámpara no se apaga de noche.
Aplica su mano al huso,
Y sus manos a la rueca.
Alarga su mano al pobre,

Y extiende sus manos al menesteroso.
No tiene temor de la nieve por su familia,
Porque toda su familia está vestida de ropas dobles.
Ella se hace tapices;
De lino fino y púrpura es su vestido.
Su marido es conocido en las puertas,
Cuando se sienta con los ancianos de la tierra.
Hace telas, y vende,
Y da cintas al mercader.
Fuerza y honor son su vestidura;
Y se ríe de lo por venir.
Abre su boca con sabiduría,
Y la ley de clemencia está en su lengua.
Considera los caminos de su casa,
Y no come el pan de balde.
Se levantan sus hijos y la llaman bienaventurada;
Y su marido también la alaba:
Muchas mujeres hicieron el bien;
Mas tú sobrepasas a todas.
Engañosa es la gracia, y vana la hermosura;
La mujer que teme a Jehová, ésa será alabada.
Proverbios 31: 10-30

EL VALOR DE UNA MUJER VIRTUOSA Y SABIA

Quiero principiar este capítulo dando honor a todas esas mujeres que son sabias, que han inspirado a lo largo de la historia bíblica y universal y a usted que está leyendo estas líneas. El valor de una mujer virtuosa es muy grande, porque es muy difícil de encontrar, es muy especial, es como una perla de gran precio. Quien la haya encontrado, quien tenga una cerca, apréciela. Y por favor si usted es una de ellas, apréciese, ámese, valórese. Siéntase como una reina, como una princesa, como una perla de gran valor. Si usted vive con mujeres virtuosas como su madre, su abuela, sus hijas, sus cuñadas etc. Valórelas.

La mujer por naturaleza es dulce, especial, tierna, amorosa, la mujer es el sello de la creación de Dios, fue lo último que El creó. Por lo tanto la hizo con muchas cualidades para estar como ayuda de Adán cuidando el huerto. Solamente tenemos que detenernos y pensar en la dulzura, amor, paciencia de nuestra madre y podemos comprender porqué dice ¿quién la hallará?. Si todavía tiene el privilegio de tener a su madre con usted, haga una pausa, llámela y dígale que ha sido mujer virtuosa y reconozca todas las características que le dan ese epíteto. John Macarthur nos hace ver el valor que la Biblia da a la mujer cuando dice: "Una de las características singulares de la Biblia es la forma en que exalta a las mujeres." Trátese de mujeres degradadas o denigradas, la Escritura a menudo parece salirse del camino para homenajearlas, ennoblecer su papel en la sociedad y en la familia, reconocer la importancia de su influencia y destacar las virtudes de mujeres que fueron ejemplos particularmente piadosos.

Desde el mismo primer capítulo de la Biblia se nos enseña que las mujeres, como los hombres, llevan el sello de la imagen de Dios (Génesis 1:27: 5.1-2). Las mujeres juegan papeles prominentes que regulan el tono de los relatos bíblicos. Los esposos ven a sus esposas como compañeras veneradas y cálida ayuda. No meramente esclavas o piezas de mobiliario doméstico(Génesis 2.20-24: Proverbios 19.14: Eclesiastés 9:9) (1)

CARACTERÍSTICAS DE LA MUJER VIRTUOSA

Es virtuosa porque su esposo puede confiar en ella:

SU CORAZÓN	porque es	FIEL
SUS HIJOS	porque es	AMOROSA
SU DINERO	porque es	HONRADA
SU FAMILIA	porque es	SABIA
SUS AMISTADES	porque es	BONDADOSA

SUS POSESIONES	porque es	CUIDADOSA
SUS PROYECTOS	porque es	EMPRENDEDORA
SUS SECRETOS	porque es	DISCRETA
SUS ILUSIONES	porque es	VISIONARIA
SUS INQUIETUDES	porque es	SOBRIA
SUS TRISTEZAS	porque es	OPTIMISTA
SUS DUDAS	porque es	ANALITICA
SU IMPULSIVIDAD	porque es	PACIFICA
SUS ARREBATOS	porque es	TEMPLADA
SUS DECISIONES	porque es	JUSTA
SUS INTERESES	porque es	PROTECTORA
SU LIBERALIDAD	porque es	GENEROSA

CLASIFICACION DE LAS VIRTUDES DE LA MUJER DE PROVERBIOS 31

Al analizar Proverbios 31 podemos ver una serie de virtudes que he dado por clasificar en tres grandes secciones a saber: Talentos Administrativos y Productivos, Talentos Naturales y Virtudes Femeninas. En este siglo se ha visto como se está apreciando cada vez mas las características y virtudes múltiples de la mujer. En este pasaje se nos muestra desde hace siglos, lo que hasta ahora se está elogiando y alabando de la mujer: sus múltiples virtudes y habilidades. Veamos pues cuales son de acuerdo a esta clasificación.

TALENTOS ADMINISTRATIVOS Y PRODUCTIVOS

- o   No carecerá de ganancias
- o   Busca lana y lino y con voluntad trabaja con sus manos
- o   Es como nave de mercader: Trae su pan de lejos.
- o   Considera la heredad y la compra. Planta viña del fruto de sus manos.

o   Ve que van bien sus negocios.
o   Hace telas y vende, Y da Cintas al mercader.
o   La buena administración y la productividad son parte muy importante de la mujer virtuosa.

TALENTOS NATURALES

o   Trabajadora
  - Y con voluntad trabaja con el fruto de sus manos.
  - Su lámpara no se apaga de noche.

o   Generosa
  - Y da comida a su familia. Y ración a sus criados.
  - Alarga su mano al pobre. Y extiende sus manos al menesteroso.

o   Laboriosa
  - Planta viña del fruto de sus manos.

o   Fuerte
  - Ciñe de fuerza sus lomos.

o   Perseverante
  - Su lámpara no se apaga de noche.

VIRTUDES FEMENINAS
o   Sabia.
  - Abre su boca con sabiduría
  - Su marido es conocido en las puertas, Cuando se sienta con los ancianos de la tierra.

o   Prudencia de labios.
  - La ley de clemencia está en su lengua.

- ○ Planificación
    - Considera los caminos de su casa y no come su pan en balde.

- ○ Optimismo:
    - Fuerza y honor son su vestidura, se ríe de lo porvenir.

Pero no se asuste, si usted no tiene todas estas características no significa que no sea mujer virtuosa. Debe comprender que no todos somos fuertes en todo, se sabe que todos tenemos fortalezas y debilidades. Pero entonces ¿cual es el objetivo de estudiar las características de la mujer virtuosa si veo que no tengo tantas virtudes como se espera? Es para que cada día tratemos de ser mejores, como dice el apóstol Pablo a Tito. *"Las ancianas asimismo sean reverentes en su porte; no calumniadoras, no esclavas del vino, maestras del bien; que enseñen a las mujeres jóvenes a amar a sus maridos y a sus hijos, a ser prudentes, castas, cuidadosas de su casa, buenas, sujetas a sus maridos, para que la palabra de Dios no sea blasfemada"Tito 2:3-5*

Asi que no se desanime, si se siente débil en un área, siga adelante, todas podemos aprender, no se nace sabiéndolo todo, pero en Cristo por su fuerza en nosotras podemos llegar a ser la mujer que Dios diseñó desde el principio.

La mujer que inspira es una mujer que apoya y levanta a su esposo. Hay un dicho muy popular que dice. "Detrás de un gran hombre hay una gran mujer". *La Biblia dice en Proverbios 14:1. "La mujer sabia EDIFICA su casa; Mas la necia con sus manos la derriba".* A lo largo de la vida ministerial me he dado cuenta que la mayoría de veces la mujer tiene en sus manos el éxito o el fracaso de sus hijos y de su esposo. Si la mujer es negativa, no proactiva, egoísta, dominante y acaparadora, arrastra a su familia a ello. Si el esposo es complaciente va a ceder y adaptarse a su forma de ser, pero esta familia no va a progresar, el esposo no va a destacar, los hijos no van a sobresalir.

Usted tiene que pedir a Dios sabiduría para ser una mujer que INSPIRE a su esposo e hijos a salir mas allá de la esfera de lo común y remontarse a las alturas como las águilas. Esta fue una de las razones por la que decidí escribir este libro, recabar las características que yo he observado en las mujeres que tienen hogares exitosos.

COMO APOYAR AL ESPOSO EN EL MINISTERIO

DETERMINAR SI TIENE LLAMADO AL MINISTERIO O NO.

Lo primero es que la mujer sabia debe determinar si su esposo tiene vocación para el ministerio o no. La esposa que ama a Dios podría comparar a su esposo con otros hombres de la iglesia en que sirven, y sentirse frustrada porque su compañero no tiene esa pasión para el servicio que otros tienen. Debemos comprender que Dios puede hacer el llamado a la mujer y no al hombre. Conozco varias mujeres sabias que sirven a Dios con todo su corazón y sus esposos son grandes cristianos que han decidido simplemente apoyar a su esposa. Si este es su caso, acéptelo, si su esposo no la deja servir a Dios no lo obligue, cada uno va a dar cuenta a Dios por los talentos que ha recibido. El apóstol Pablo nos dice que todos tenemos diferentes dones.

"Ahora bien, hay diversidad de dones, pero el Espíritu es el mismo. Y hay diversidad de ministerios, pero el Señor es el mismo. Y hay diversidad de operaciones, pero Dios, que hace todas las cosas en todos, es el mismo. Pero a cada uno le es dada la manifestación del Espíritu para provecho. Porque a éste es dada por el Espíritu palabra de sabiduría; a otro, palabra de ciencia según el mismo Espíritu; a otro, fe por el mismo Espíritu; y a otro, dones de sanidades por el mismo Espíritu. A otro, el hacer milagros; a otro, profecía; a otro, discernimiento de espíritus; a otro, diversos géneros de lenguas; y a otro, interpretación de lenguas. Pero todas estas cosas las hace uno y el mismo Espíritu, repartiendo a cada uno en particular como él quiere. Porque así

como el cuerpo es uno, y tiene muchos miembros, pero todos los miembros del cuerpo, siendo muchos, son un solo cuerpo, así también Cristo".

Asi que aunque no sirva a Dios como su esposa, no quiere decir que no le sirve, sino que ha de tener otros dones. 1 Corintios 12: 4-12

APOYARLO EN AYUNO Y ORACION.

El ayuno y la oración son determinantes para levantar un ministerio. Si la esposa ora y ayuna por su esposo, ese ministerio va a ser respaldado por Dios. Si la esposa siente que no tiene mucha participación, con la oración puede apoyar muchísimo a su cónyuge. (Joel 1:14)

Cuando tu esposo se siente mal, está cansado, o extremadamente cargado ¿sabes lo que mas él necesita? Quizá necesite algo de compañerismo, un poco de espacio o paz y quietud. Debes estar ahí para él. Tu sensibilidad, presencia y tus oraciones lo harán sentirse amado"

H. Norman Wright

RECONOCER QUE ES LA CABEZA DEL HOGAR DÁNDOLE SABIAMENTE SU LUGAR.

Siempre la mujer debe estar sujeta a su esposo, tenga o no un gran o pequeño ministerio. Esto no es lo que define si la esposa lo ve como autoridad, sino lo que dice la Biblia al respecto. (colosenses 3:18).

El sentirá que usted aprecia su autoridad y liderazgo cuando:

* Usted le diga que está agradecida por su fuerza y disfruta de poder apoyarse a veces en él.
* Respalde su autoimagen como líder.

- Usted no diga: "Tú eres responsable pero todavía somos iguales, así que no tomes una decisión con la que yo no esté de acuerdo".
- Alabe sus buenas decisiones.
- Sea cortés si el toma una decisión equivocada.
- Esté en desacuerdo con él sólo en privado y honre su autoridad delante de los hijos.
- Dé motivos para disentir tranquila y razonablemente, pero nunca ataque su derecho de dirigir. (2)

MANERAS DE AYUDAR A SU ESPOSO:

a. Apoyándolo en el ministerio en el que sirven.

- El esposo debe de permitir, y ella desear apoyarse mutuamente. En cualquier otra profesión no es menester que la esposa apoye la función del esposo, pero en el ministerio sí. *Eclesiastés 4:9 "Mejores son DOS que uno; porque tienen mejor paga de su trabajo."* Las personas se sentirán mas seguras si ven que ambos están apoyandose. En el ministerio, ver a una pareja de esposos unidos da seguridad.

- No desaforarlo en público, aunque esté equivocado. Tenga mucho cuidado con avergonzarlo públicamente aunque usted tenga razón. Muchas veces la esposa contradice al esposo en detalles que no son relevantes, por ejemplo un una fecha determinada, en un color, en un estilo de carro, etc. Son detalles no determinantes al estar relatando una historia de tipo informal. En ese momento la esposa está tratando de ser exacta en la información, pero no se percata que la impresión que está dejando a los amigos y a él es contraria a su verdadero sentimiento. Haría más con dejar pasar la exactitud de un relato, que desafiar su autoridad.

b. Admirándolo.

Generalmente la esposa está agradada con su esposo pero no lo expresa. El hombre tiene una gran necesidad de admiración y respeto. La mujer sabia expresa admiración por su esposo verbal y gestualmente. Muchas veces no es necesario que la esposa le diga que no lo admira. Basta con su actitud para que él se de cuenta de ello. Se cuenta que en cierta clase de la universidad se le preguntó a un joven. ¿qué busca usted en su cónyuge? a lo que él respondió: "Quiero una mujer que crea en mi". Los hombres hacen lo que hacen por la admiración de una mujer. Cuando usted se enamoró y se casó , él sentía que usted creía en él y él apreciaba eso, quizás mucho más de lo que él advertía. Esto tocaba su espíritu porque es extraordinario para el varón. Se casó con usted y pensó que usted seguiría animándolo para siempre. Pero al pasar el tiempo su trabajo parece competir con el matrimonio, y en lugar de admirarlo usted se siente abandonada. Es probable que él sea un adicto al trabajo, pero si es un hombre bien intencionado, si usted busca un momento para hablar con él al respecto, va a reaccionar de manera positiva. El hombre lleva la carga económica del hogar y muchas veces a la esposa le es difícil comprender los problemas que él tiene que afrontar para llevar esto.

c. Agradeciéndole.

Por toda la responsabilidad que él asume dentro y fuera del hogar. En el transcurso normal de las cosas el esposo es quien tiene la responsabilidad económica de su hogar. Si la esposa da esto por sentado toda su vida, sin estar consciente que siempre tiene que agradecer su trabajo y su responsabilidad para con el hogar, está dejando apagar una llama muy importante para mantener vivo el matrimonio.

Nuevamente Eggerichs nos propone:

SU ESPOSO SENTIRÁ QUE USTED APRECIA SU DESEO DE TRABAJAR Y TENER ÉXITO CUANDO...

- Usted le expresa verbalmente o por escrito que valora sus esfuerzos en el trabajo.
- Expresa su fe en él respecto al campo elegido.
- Escucha sus historias del trabajo con tanta atención como usted espera que él ponga atención a sus relatos de lo que sucede en la familia.

- Se ve a sí misma como su compañera y complemento y habla con él sobre esto cada vez que sea posible.
- Le permite soñar como hacía cuando eran novios.
- No deshonra o critica sutilmente su trabajo "en el campo" para lograr que muestre mas amor en la familia.[3]

d. Quitándole Responsabilidades que esten fuera de sus talentos naturales.

Considero este punto muy importante pues creemos que nuestros esposos por ser cristianos, hombres de Dios y al frente de personas deben ser un ejemplo en TODAS las facetas de la vida. Y cuando eso no es así nos frustramos, les reclamamos y comienza un ciclo de problemas. Quiero contarle un poco de mi experiencia, mi esposo no es bueno para hacer trabajos manuales concernientes a la casa, entiéndase: manualidades, plomería, albañilería, jardinería, electricidad etc. Usted al igual que yo sabemos que en casa constantemente se necesitan estos servicios para mantener la casa funcionando. Desde un principio yo noté que pedirle estos favores caseros le causaba mucha incomodidad, pero no teniendo quien me ayudara tenía que recurrir a él quien sin muchos deseos hacía lo que podía. Con el paso del tiempo

Dios le apoyó en el ministerio y ahora es un predicador a las naciones, sin embargo a medida que él se desarrolla en el ministerio, su tiempo para nuestro hogar es mas reducido. Como mujer sabia decidí no molestarlo en hacer trabajos de la casa, y dejar que su mente se concentrara en lo que realmente es importante: LA PREDICACIÓN. Así que cada vez que necesito alguna reparación en la casa trato de solucionarlo de tal manera de que ni siquiera se dé cuenta que algo estuvo descompuesto y hubo que arreglarlo. Esta es mi experiencia, no tiene que ser la suya. Es probable que su esposo sea tan hogareño, que su fascinación sea comprar herramientas y reparar lo que sea necesario. Si este es su caso, solamente esté preparada para comprenderlo en otra área que sea su habilidad.

e. Reforzándolo en sus debilidades.

El misterio del matrimonio es la singularidad de que dos seres desconocidos y diferentes unan sus vidas para vivir juntos para siempre. Esto implica que estos dos seres son diferentes, en alma, cuerpo y espíritu como diría el filósofo griego Platón. Como pareja estamos comprometidos a suplir las debilidades uno del otro, y si no lo vemos así vamos a frustrarnos pensando que estamos "ayudándole en su flaqueza". Dios nos hizo complemento uno del otro y siempre que tengamos que reforzar la debilidad del otro recordemos los votos matrimoniales que hicimos cuando estábamos enamorados en el altar. "Para bien o para mal, en salud o enfermedad, bonanza o adversidad". Con el tiempo olvidamos lo que realmente estos votos significan. Pero si estamos conscientes de nuestro propósito en el matrimonio, este rol va a convertirse en el proyecto de nuestras vidas.

f. Envisionándolo con nuevos proyectos.

Si usted es una mujer progresista, llena de visión, va a tener siempre nuevos proyectos en mente para proponérselos y juntos llevarlos a cabo. La mujer sabia de proverbios 31 es una mujer multifacética que puede realizar muchos proyectos. No tenga miedo, emprenda, dese el permiso de fracasar, emprenda ese viaje, ese proyecto, que siempre ha tenido en mente. Ore, consulte, póngase de acuerdo con su esposo y envisiónelo a emprender. Recuerde también que si el proyecto fracasa, no vaya a culparlo, déjelo volar, permítale intentar alzar el vuelo, sabiendo que si fracasa va a tener su apoyo, no va a tener un dedo acusador reclamándole. Recuerde Proverbios 31:11 *"El corazón de su marido está en ella confiado, y no carecerá de ganancias"*

COMO SERVIR A DIOS CON UN ESPOSO NO CRISTIANO

Regularmente es la esposa la que primero viene al Señor. Y es natural que ella desee con todo su corazón que ambos reconozcan al Señor y lo sirvan de todo corazón. Lastimosamente no funciona así. Dios es el dueño del tiempo, y de nosotras. Y las cosas sucederán cuando Dios quiera y no cuando nosotras lo decidamos. Debemos entonces observar las siguientes actitudes.

- ORAR POR ÉL SIN CESAR: Efesios 6:18 *"orando en todo tiempo con toda ORACIÓN y súplica en el Espíritu, y velando en ello con toda perseverancia y súplica por todos los santos"*. Dios quiere que usted tenga fe, y no se canse de pedir por su esposo. Al pasar los años y no ver la respuesta puede ser que la esposa llegue a acostumbrarse y diga "El nunca se va a convertir" y deje de orar. Dice este versículo que debemos perseverar y suplicar. La esposa cristiana nunca debe dejar de orar por su esposo.

- TENER PACIENCIA: *1ª. Pedro 3:1 dice: "Asimismo vosotras, mujeres, estad sujetas a vuestros maridos: para que también los que no creen a la palabra, sean ganados sin palabras por la conducta de sus esposas"*

- SER ÍNTEGRA: Que nuestro esposo vea transparencia en todo nuestro andar. No predicarle el mensaje con palabras sino con hechos.

- ACEPTARLO COMO ES: No trate de cambiarlo, dándole sermones como si fuera su madre. Hay mujeres que tratan a su cónyuge como si estuvieran designadas para "arreglarlos". Como si fueran niños de primaria a quien tienen que formar con valores, principios y modales. Cuando van en el auto con él, van como copilotos diciéndole que hacer. Conozco una amiga que corrige a su esposo por instinto. Ella termina las frases. El no ha terminado de decir la frase, cuando ella dice "no" así no es… es de tal o cual manera.

- NO OBLIGARLO A IR A LA IGLESIA. Es natural que la esposa se desespere al desear que su esposo comparta su fe, y trate de aplicar aquel versículo que dice: "forzadlos a entrar por la puerta estrecha". He conocido mujeres que obligan a su esposo a ir a la iglesia, y luego allí lo tratan como a un convertido y le hablan como cristiano, y le dicen a los hermanos "traje a mi esposo porque por fe, se va a convertir". Este tipo de actitudes solo avergüenzan, y ahuyentan al esposo no cristiano.

- CONTESTAR SUS PREGUNTAS ACERCA DE LA RELIGIÓN: A los hombres no cristianos pueden surgirles dudas con respecto a Dios, la iglesia, la Biblia, etc. Y hay mujeres que pueden tener respuestas irrespetuosas hacia ellos como por ejemplo, dice la Biblia que "no debemos tirar las perlas a los cerdos" (Mateo 7:6) o "El hombre natural no puede entender las cosas del espíritu", (1 Corintios 2:14 a), "No te explico, porque la Biblia es una carta escrita para los hijos de Dios y tu no lo eres, por lo tanto no la vas a entender". Debemos pacientemente dar respuesta a sus inquietudes, en 1ª. Pedro 3:15 dice *"Estad siempre preparados para presentar defensa con mansedumbre y reverencia ante todo el que os demande razón de la esperanza que hay en vosotros"*. A la luz de la palabra de Dios podemos explicar cualquier duda que él tenga y pidamos al Espíritu Santo que le ilumine para que él pueda entenderla.

- INVÍTELO A REUNIONES DE SU INTERÉS: Si el esposo rechaza cualquier actividad de tipo religioso, la esposa puede con sabiduría pensar ¿cuál reunión sería de su interés? Recuerdo en cierta ocasión que una mujer cuyo esposo no quería ir a la iglesia pero si asistió a un evento deportivo, y a la postre a una obra teatral. Con ingenio, la mujer cristiana puede acercar a su esposo a la iglesia, comenzando por invitarlo a actividades que le sean atractivas, aunque no sean del todo espirituales.

- ACERCARLO A PERSONAS DE LA IGLESIA. Invite en ocasiones especiales a algunos miembros de la iglesia que sean maduros, y puedan mostrar el amor de Dios. Hable con ellos con anterioridad y pídales su comprensión. Estoy segura que siempre encontrará personas maduras que estén dispuestas a apoyarla. De esta manera él podrá percibir el amor sincero de los cristianos.

- NO LO AVERGÜENCE HACIENDO PÚBLICOS SUS DEFECTOS. Aunque sus defectos sean evidentes, no lo avergüence haciéndolos públicos, contándole a las hermanas del grupo, "pidiendo oración por él, contando con detalle sus pecados y defectos". Si la situación es extrema pida consejería en privado. "El que anda en chismes descubre el secreto: "Mas el de espíritu fiel lo guarda todo." Proverbios 11:13.

- PIDA CONSEJO Y ASESORÍA A SU ESPOSO EN LO QUE RESPECTA A SUS FORTALEZAS. No cabe ninguna duda que él tiene áreas en las que es fuerte. En estas trate de abordarlo y pedir su consejo. Admire y halague sus fortalezas, y esto le dará seguridad. No descubra en público sus debilidades. Recuerde que todos tenemos defectos, que no hay hombre ni esposo perfecto. Si alguna amiga suya alardea de las cualidades de su esposo, no crea que él no tiene defectos, simplemente se los reserva. Por ejemplo, si es buen esposo, responsable en sus actividades hogareñas, alábele por eso e ínstele a seguirlo haciendo. Si es buen padre, y le gusta dedicarse a los niños, anímelo a que lo siga haciendo, y hágale ver lo mucho que le agrada cuando lo hace.

- EXPRÉSELE SU AMOR Y SUJECIÓN: algunas mujeres piensan equivocadamente que por no ser cristiano su esposo no le deben respeto ni sujeción y que todo lo que él dice no es correcto porque ignora principios de la palabra de Dios. Nada más equivocado que esto, aunque no sea cristiano le debe respeto y él es la autoridad en la casa. Hágale ver que su amor para él es incondicional. No se sienta inferior a él porque tiene que estar en sujeción. Jesucristo se sujetó a Dios padre y eso no lo hizo inferior.

"Cuando compartas tus sentimientos con tu esposo, hazle saber que no tratas de decirle lo que tiene que hacer, solo deseas que te escuche y que considere cómo te sientes. Dile directamente: Cuando me escuchas siento que me amas y apoyas"
H. Norman Wright

ERRORES QUE LAS MUJERES CRISTIANAS COMETEN HACIA SUS ESPOSOS

- **Sentirse superior y despreciarlo:**
  - Querer dominar el hogar. Controlar hasta el más mínimo detalle de su esposo, horario, finanzas, y amistades.

  - Forzarlo a servir:
    - Ignorando su vocación o inclinación natural.
    - Ignorando si tiene o no tal llamado.

- **Acusarlo cuando él realiza actividades no espirituales.** Por ejemplo, si viene de servir a Dios y él está viendo televisión, ella entonces empieza a reclamarle y a acusarle, un grave error, acusar al esposo por su falta de interés en los asuntos espirituales; nunca se puede forzar a nadie en lo que a la búsqueda de Dios se refiere. En situaciones como esta solo corresponde orar y esperar que Dios abra el entendimiento de la persona.

¿HASTA QUE PUNTO DEBE INVOLUCRARSE LA MUJER EN LA IGLESIA?

LA ETAPA DE LA VIDA QUE ESTE VIVIENDO ES LO QUE VA A DETERMINAR SU PRIORIDAD EN ESTE MOMENTO.

Soltera: Tiempo libre

La mujer soltera tiene todo el tiempo para ocuparlo en lo que ella considere conveniente para su vida, estudio, trabajo, diversión, etc. Este tiempo le da más disponibilidad de horario para involucrarse en el servicio.

Casada: Sujeta al esposo (tiempo más limitado)

La mujer casada debe comprender que ya no dispone de su tiempo como antes; por lo tanto, su involucramiento en el ministerio deberá estar sujeto al deseo de su esposo.

Casada con hijos pequeños:

Cuando se está casada y se tiene hijos pequeños, el tiempo prioritario lo deben tener los niños. Si tiene que trabajar deberá hacerlo, pero esto limitará mas el tiempo disponible para otras ocupaciones. Pero la prioridad en esta etapa deben ser sus niños pequeños. Aunque en esta etapa de la vida ella se puede sentir enclaustrada en su casa, años mas tarde se dará cuenta de los valiosos efectos que esto le produjo, con hijos exitosos en todos los sentidos. En esta etapa, podrá servir a Dios en actividades donde pueda incluirse a los niños. Ejemplo, sala cuna, escuela dominical, anfitriona de célula en el hogar.

Casada con hijos jóvenes:

En esta etapa de la vida, el involucramiento de la mujer inspiradora puede ser mas contundente en su servicio a Dios; puede ayudarlos, apoyarlos y servir donde pueda involucrarlos. En esta etapa de la mujer lo importante es empezarlos a lanzar a sus propios proyectos y ser como Jocabed, solo observar que la cesta con Moisés no se hundiera y siguiera su cause en el río.

Casada sin hijos en la casa:

En esta etapa la mujer tiene mas oportunidad de servir. Solo debe estar consciente que aunque estén casados los hijos necesitan su apoyo en todo sentido, sobre todo en su consejo y sabiduría para criar a sus nietos.

Edad madura:

Esta edad de oro como yo le llamo, es la edad única y especial donde las mujeres inspiradoras pueden dedicarse mas tiempo a ellas mismas, y asistir a reuniones con mujeres donde haya mucha oración. Podría a la vez, liderar un grupo de mujeres jóvenes que la vean como madre, y escribir folletos sobre consejería para vaciar sus experiencias.

Pero en cada una de estas etapas, yo recomiendo servir a Dios; no hay excusa para no involucrarse en el servicio a Dios. Mi madre dice: "Si quiere vida y si quiere salud, SIRVA a DIOS"

"Si quiere vida, quiere salud, SIRVA a DIOS
Ana de Madrid"

COMO PEDIR A SU PAREJA QUE SATISFAGA SUS NECESIDADES

Uno de las errores que causa mas problema en el matrimonio es no saber como comunicar los errores al cónyuge. Uno está molesto, el otro no pregunta y allí empieza un ciclo de incomprensión que podría haberse cortado sin esperar que trajera consecuencias.

Las esposas pueden decir, humilde y suavemente:

INTIMIDAD: "Cuando prefieres trabajar en tu taller toda la tarde en lugar de estar conmigo, se siente como una falta de amor. Tienes derecho a tener tus hobbies, pero yo también necesito algo de tiempo cara-a-cara contigo"

APERTURA: "Cuando me dijiste que no querías dedicar tiempo a hablar conmigo sobre lo que me preocupa, eso se sintió como una falta de amor hacia mí. Sé que muchas veces no tenemos tiempo de hablar largo y tendido, pero a veces necesito que me reafirmes que todo está bien".

COMPRENSIÓN: "Cuando me diste una solución rápida a lo que yo estaba tratando de decirte, se sintió como falta de amor. Sé que estabas tratando de ayudarme, pero realmente necesito sentir que te preocupas y puedes mostrarme eso escuchándome y entendiéndome".

LEALTAD: "Cuando miras a otras mujeres, eso se siente como falta de amor. Sé que las tentaciones son reales, pero necesito saber que sólo tienes ojos para mí".

ESTIMA: "Cuando haces comentarios negativos sobre mi rol como madre o como ama de casa, eso se siente como falta de amor. Sé que no soy perfecta y que cometo errores, pero necesito escuchar tus comentarios positivos cuando hago las cosas bien, y necesito que me animes cuando no lo logro"

Los esposos pueden decir, humilde y suavemente:

CONQUISTA: "Cuando haces comentarios negativos sobre mis logros laborales, eso se siente como una falta de respeto. Yo lucho para equilibrar el trabajo y la familia, y no estoy en contra de nuestra familia ni contra ti".

JERARQUÍA: "Cuando sugieres que soy irresponsable, eso se siente como una falta de respeto. Admito que a veces me equivoco, pero en general soy un buen proveedor y un buen protector, y lo que me dices me hiere"

AUTORIDAD: "Cuando tomas decisiones sobre los niños sin incluirme, eso se siente como una falta de respeto e incluso me hacen sentir insignificante. Por favor, inclúyeme también en las cosas cotidianas, siempre que puedas hacerlo"

DISCERNIMIENTO: "Cuando revoleas los ojos y dices: "Eso es ridículo", se siente como una falta de respeto. Sé que tienes intuición en muchas áreas, pero yo también tengo una visión que a menudo podría ser útil"

RELACIÓN: "Cuando te niegas a ir al juego de baloncesto conmigo, se siente como una falta de respeto. Sé que no siempre puedes hacer estas cosas conmigo por los niños, pero necesito que compartas tiempo conmigo como mi amiga, y eso ha faltado últimamente".

SEXUALIDAD: "Cuando me dices que estás demasiado cansada para tener relaciones sexuales, eso se siente como una falta de respeto hacia mi. Entiendo que estés cansada, pero espero que tu también entiendas mi necesidad. No es que sea un obsesivo sexual: yo realmente necesito tenerte cerca" (4)

SECRETOS DE FE

LEA:

San Juan 4.25-26. En este pasaje se da importancia a la mujer samaritana que era relegada por la sociedad. A una mujer fue a la primera persona que Jesús reveló su identidad. Gálatas 3:28 "Ya no hay judío ni griego; no hay esclavo ni libre; no hay varón ni mujer; porque todos vosotros sois uno en Cristo Jesús". La Escritura aquí da la misma importancia a la mujer y al hombre.

ORE:

"Amado Jesús que estás en Gloria, que moras en mi corazón y que reinas sobre todo y en todos. Vengo ante ti a darte gracias por haberme hecho mujer. En tu nombre perdono a todas las personas que hayan denigrado mi esencia femenina. Así mismo te pido perdón por haber sentido pena y lástima por mí misma por haber sido mujer. Te doy gracias por el enorme privilegio que como mujer me has dado, de amar y cuidar a mi esposo y a mis hijos. Permíteme ser una mujer que inspire a mi esposo e hijos a ser mejores personas, a que avancen en este mundo y a que te sirvan con todo el corazón. Como esposa te pido que me hagas una mujer sabia para poder inspirar a mi esposo a amarte y a realizar sus objetivos de acuerdo al propósito para el cual lo pusiste en esta tierra. En el nombre de tu hijo amado Jesús. Amén."

ACTÚE:

Tome un tiempo a solas con Dios y escriba las características que usted tiene como mujer sabia. Escriba luego todas las habilidades naturales y virtudes femeninas que se propone cultivar con la ayuda de Dios y a poner en práctica a efecto de ser motivo de inspiración para su familia.

Séptimo Secreto...

La Mujer que Inspira
Desafía el fracaso

Es como una roca firme
en tiempo de tribulación

Desafía el fracaso

Las mujeres que Inspiran a grandes hombres tienen que aprender a brincar los obstáculos y a sobreponerse a los fracasos. Quiero brevemente llamar su atención a algunas razones por las cuales las mujeres se sienten fracasadas.

POR QUE SE SIENTEN LAS MUJERES FRACASADAS:

POR SER MUJERES:

Las mujeres se han sentido menos que los hombres desde la antigüedad. En las culturas paganas que estaban dominadas por hombres, estos gobernaban con puño de hierro, y las mujeres eran miradas como criaturas menores, o como simples servidoras de los mismos.

POR TENER QUE DEPENDER DEL HOMBRE:

En fuerza, en sujeción, en dinero. El hecho de que la mujer tenga que depender del esposo por tener que quedarse cuidando a los niños en casa, haciéndola depender en todo aspecto de él. Muchos hombres aprovechándose de esa situación toman ventaja para subyugar a la mujer y mantenerla dependiente de él. Conozco el caso de dos mujeres cuyos esposos no les permiten ni trabajar ni estudiar. Como estos casos hay muchos y usted puede ser una de ellas.

POR SU APARIENCIA FÍSICA

El modelo de belleza le es impuesto y la hace sentir mal. Cuando la mujer siente que su apariencia física no es como el modelo que le han impuesto, se siente inferior. Si este es su caso, piense que los bellos cuerpos de las revistas y las pantallas son de modelos que dedican su vida específicamente a su cuerpo; esa es su profesión, y por lo general son mujeres que no tienen todos los compromisos que usted tiene (lo cual está bien, si ese es el objetivo que ellas han escogido para sus vidas). Pero si su objetivo en la vida es trascender mucho mas allá de lo material, impactando su cultura y familia, debe estar conciente que debe ser una mujer integral, y no dedicarse completamente al desarrollo de una sola área. Esto no significa que tengamos que dejar el cuidado integral que nuestro cuerpo requiere.

LA CULTURA

En muchas culturas actualmente se considera al hombre superior a la mujer y esta es sometida a esclavitud y a muchos vejámenes. Esto ha hecho que muchas mujeres se sientan inferiores.

LA BIBLIA LEVANTA EL HONOR DE LA MUJER

Una de las características singulares de la Biblia es la forma en que exalta a las mujeres. Trátese de mujeres degradadas o denigradas, la Escritura a menudo parece salirse del camino para homenajearlas, ennoblecer su papel en la sociedad y en la familia,

116

reconocer la importancia de su influencia y destacar las virtudes de las mujeres que fueron ejemplos particularmente piadosos.

Desde el mismo primer capítulo de la Biblia se nos enseña que, tanto las mujeres, como los hombres, llevan el sello de la imagen de Dios (Génesis 1.27: 5.1-2). Las mujeres juegan papeles prominentes en los relatos Bíblicos. Los esposos ven a sus esposas como compañeras veneradas y cálida ayuda. No meramente como esclavas o piezas de mobiliario doméstico (Génesis 2:20-24: Proverbios 14.1 Eclesiastés 9.9). En el Sinaí Dios mandó a los hijos honrar padre y madre (Éxodo 20.12). (1)

LA BIBLIA RECONOCE LAS DIFERENTES FUNCIONES DE MUJERES Y HOMBRES

Aunque bíblicamente hombres y mujeres son iguales ante Dios, se reconoce los distintos deberes que tienen:

Maternidad
Servicio
Necesidad de protección 1. Pedro 3.7
Tener un lugar de honor especial 1. Pedro 3.7
Ser amadas como Cristo ama a su iglesia. Efesios 5:25-31
Reconocer su valor como mujer virtuosa

Estos relatos contrastan con las culturas paganas de esos tiempos que degradaban a la mujer hasta darle un poquito más de dignidad que los animales. Pero el concepto hebreo y bíblico del matrimonio era que ambos eran iguales delante de Dios y deberían ser obedecidos conjuntamente. (Levítico 19.3).

El apóstol Pablo, falsamente llamado por algunas mujeres "machista" servía a Dios al lado de mujeres (Filipenses 4.3) reconocía los dones de estas y les pedía ayuda para su ministerio

(Romanos 16:1-6: 2 Timoteo 1.5). Pablo reconocía la gran virtud que las mujeres tienen para el ministerio cristiano. Así la Biblia está llena de relatos en donde se ve como el pueblo hebreo el pueblo al cual fue dada la Escritura levantaba el valor de la mujer.

HISTORIA DE MUJER QUE INSPIRA

Una persona que me ha inspirado es una fuerte y valiente mujer trabajadora que asiste a la iglesia. Al igual que ella hay muchas otras que me han inspirado y que inspiran a muchos hombres, y los primeros que son inspirados son sus tres hijos varones que asisten al grupo familiar que ella tiene el privilegio de liderar. Ella enviudó hace 2 años. Trabaja todos los días para el sostenimiento del único hijo soltero que deja en casa. En las noches sirve al Señor asistiendo a las reuniones de la iglesia y las propias de su célula. Los domingos ayuda preparando la comida para cien voluntarios que sirven todo el día. Pero ¿por qué digo que ha inspirado mi vida? Porque con su ejemplo de servicio, integridad y consagración se ha ganado el derecho de que sus tres hijos varones asistan a su grupo familiar a escucharla predicar la palabra de Dios, a oír sus oraciones y a ser ministrados por ella. Esto además de que los tres participan activamente en otras actividades propias del mismo grupo. A esto es a lo que me refiero cuando digo mujeres que inspiran a grandes hombres.

¿Cuántos hombres se han ganado el derecho de ser lideres espirituales de sus hijos? Por casualidad ¿conoce usted algunos hombres cuyos hijos no quieren ni siquiera oír mencionar su nombre? ¿Qué opina usted de que esta mujer sea tal influencia para sus tres hijos varones adultos, casados, y que asisten a su reunión para ser ministrados por ella? A esto es a lo que me refiero cuando hablo de mujeres que inspiran. A esas mujeres que no son espectaculares a los ojos de los hombres pero son grandes ante los ojos de Dios y de sus descendientes, que están dejando un legado espiritual a su familia. Es a lo que yo llamo inspiradoras.

DIOS, ES EL DIOS DE LA SEGUNDA OPORTUNIDAD

Las mujeres que inspiran han descubierto la belleza que es amar a Dios y confiar en sus promesas. Dios es el Dios que da una segunda oportunidad porque El detesta el fracaso. La Biblia está llena de relatos en los cuales podemos constatar que la historia de Dios es la historia de fracasos y éxitos, de segundas oportunidades.

- Dios dio al hombre una segunda oportunidad con la redención. El hombre pecó y Dios lo redimió para que volviera al estado para el cual El lo había creado.
- Dios dio a Eva una segunda oportunidad de ser. La vistió, la perdonó y le prometió un hogar. Le dio otro hijo en lugar del que había sido asesinado.
- Dios dio al hombre una segunda oportunidad de vivir con el Arca de Noé. Dios detestaba el fracaso en que estaba la humanidad; sin embargo antes de destruir la tierra con agua, Noé les invitaba a todos a entrar.
- Abraham tuvo una segunda oportunidad de ser padre. El y su esposa eran estériles y vivieron esa frustración toda su vida. Dios les dio la oportunidad de ser padres. Se equivocaron y dieron a luz un hijo bastardo, pero Dios les dio una segunda oportunidad y tuvieron un hijo legítimo que llevó su descendencia.
- Inmersos en las paganas ciudades de Sodoma y Gomorra, Dios decidió destruirlas a causa de su pecado y dar a Lot y a su familia una segunda oportunidad de vida.
- Cuando Dios pidió a Abraham el sacrificio de su hijo Isaac, le dio una segunda oportunidad de vida proveyendo un cordero para el sacrificio. Dios dio a Jacob una segunda oportunidad, después de haber engañado a su hermano. Lo bendijo y cambió de nombre.
  Jacob tuvo otra oportunidad de ver a su hijo José, habiendo vivido engañado pensando que estaba muerto.

Dios dio a estas personas una segunda oportunidad:

DE MUERTE A VIDA

Dorcas: Se dedicaba a coser vestidos y túnicas para los pobres. Cuando Pedro fue a Jope se encontró al llegar que Tabita acababa de morir, llevaron a Pedro, y le rodearon las viudas mostrándole las prendas en que todas ellas se ocupaban. La falta de Tabita iba a ser irremediable. Pedro se puso de rodillas, oró y poco después se la volvió a presentar viva.   Hechos 9:36-42

Lázaro: Cuando llegaron a Betania, había mucha gente en la casa de Lázaro porque éste murió y había sido sepultado cuatro días atrás. Jesús les dijo que Lázaro resucitaría de la muerte. Juan 11:1-53.

La hija de Jairo: Tomó la mano de la niña y le dijo: -Talita, cumi- que traducido es: Niña, a ti te digo, Levántate-. Marcos 5:21-43

Eliseo resucita al hijo de la Sunamita. 2 Reyes 4:1-22, 32-37

DE ADULTERIO A LA FIDELIDAD

La Samaritana: Muchos samaritanos de aquella ciudad creyeron en él por la palabra de la mujer que atestiguaba: -Me ha dicho todo cuanto hice.- (Juan 4, 1-45). Ésta mujer tuvo una segunda oportunidad de tener una vida de mejor reputación.

La mujer adúltera: Los escribas y fariseos le llevan una mujer sorprendida en adulterio, la ponen en medio y Jesús responde: "Aquel de vosotros que esté sin pecado, que le arroje la primera piedra. "E inclinándose de nuevo, escribía en la tierra. Al oír estas palabras, se iban retirando uno tras otro, comenzando por los más viejos; y se quedó solo Jesús con la mujer que estaba delante. Incorporándose Jesús le dijo: "Mujer ¿dónde están? ¿Nadie te ha condenado? Ella respondió: "Nadie, Señor". Jesús le dijo: "Tampoco yo te condeno.

Vete, y no peques más". San Juan, capítulo 8.

David: Cometió adulterio y asesinato pero después de todo Dios le perdonó y murió siendo un hombre conforme al corazón de Dios. 2 Samuel 11: 18-27; 12: 1-25

DE LA POBREZA A LA RIQUEZA

Jabes: Invocó Jabes al Dios de Israel diciendo: «Te ruego que me des tu bendición, que ensanches mi territorio, que tu mano esté conmigo y que me libres del mal, para que no me dañe.»Y le otorgó Dios lo que pidió.

Jacob: Después de trabajar para su tío Labán durante muchos años, prosperó muchísimo y llego a tener, muchos rebaños, criados, camellos y asnos. Génesis 30:43

Job: Después de haberlo perdido todo, fue prosperado y Dios le dió dos veces más de lo que antes tenía. Job 42:10-17

José: Llegó a Egipto como esclavo y todo lo que hacía prosperaba porque Dios estaba con él y fue puesto como la máxima autoridad después del Faraón. Génesis 41:40

Ester: Habiendo quedado huérfana de padre y madre, fue adoptada por su primo Mardoqueo y fue convertida en Reina. Ester 1-2

Ruth: La moabita viuda, deja a un lado sus creencias y decide adorar a Jehová de los ejércitos Dios de Israel. Allí su pobreza se convierte en riqueza espiritual, moral y familiar pues se casa con Booz.

DE LA ENFERMEDAD A LA SALUD

María: Tuvo una segunda oportunidad de vida cuando fué sanada de lepra. Números 12:15

Naamán: El General Sirio tuvo una segunda oportunidad de vida cuando se sumergió en el río Jordan siete veces por una enfermedad de Lepra. 2 Reyes 5:4-27

Los Israelitas: Tuvieron una segunda oportunidad de vida al ser sanados cuando veían la serpiente de bronce. Números 21:9

La Mujer de Flujo de Sangre: Tuvo otra oportunidad al ser sanada después de doce años de este padecimiento. Lucas 8:43-44

HISTORIA DE VIVIANA
UNA MUJER QUE INSPIRA

Viviana es una mujer que inspira y ha inspirado a muchas otras personas que la rodean. Ella servía al Señor en la iglesia junto con su esposo y sus dos hijos pequeños, eran una pareja tan especial que proyectaban ser ungidos como pastores en algún tiempo muy cercano. Ambos se veían muy ilusionados por esto, servían a Dios constantemente y muchas personas recibían de ellos apoyo espiritual en tiempos de adversidad. Todo parecía marchar muy bien, de pronto; ella empezó a notar un cambio muy sutil en la vida de Marvin su esposo. Comenzó a faltar a sus privilegios eclesiásticos, a llegar mas tarde al hogar sin razón. El tiempo fue pasando y la situación empeoraba, las mentiras eran mas frecuentes y su interés por ella cada vez menor. Viviana empezaba a sospechar que había alguien más pero quería pensar lo mejor y suponer que era su mente. Un día sus sospechas se hicieron realidad, él tenía otra persona fuera de casa.

El tormento comenzó. Aquí comenzaba una etapa de tristeza, llanto y sufrimiento profundo. Su fuerza para servir a Dios y su alegría habían terminado. ¿Qué pasaría ahora con su matrimonio? ¿Qué pasaría ahora con el ministerio que tanto estaban esperando? El tiempo pasó y él no regresó al hogar. Viviana lloraba y lloraba, y la tristeza embargaba su vida. Estaba una mañana en una reunión en la iglesia, cuando alguien se acercó a darle una profecía donde le decía que su ministerio no había terminado y que Dios completaría sus sueños. Durante este proceso seguía muy triste, llorando por su esposo, hasta que una noche orando, ella sintió que Dios le dijo: "Basta ya de estar llorando, ya no llores mas, una lágrima más no vas a derramar, ¿no te he dicho yo que seré tu esposo? ¿no te he dicho yo que seré tu Consolador? Vas a seguir la vida y serás feliz y yo estaré contigo. Cuenta Viviana que esa fue la última vez que lloró por él. Sintió una fuerza interna que llenó su corazón y fue la fuerza del Espíritu Santo. Ella siguió trabajando, y sirviendo, después fue ungida como pastora de un grupo de trescientas personas. Es una mujer que junto con sus hijos sirve a Dios, y atiende a sus ovejas dentro de las cuales hay hombres y mujeres indistintamente. Es una mujer de una estabilidad emocional y espiritual admirable. Si usted la ve refleja el carácter cristiano, los dones y el fruto del Espíritu Santo. Unas de las características sobresalientes de Viviana es la alegría que refleja, paz en el rostro y amabilidad siempre que se le saluda. Estar a cargo de muchas personas significa que ella siempre tiene su copa llena, o sea su alma llena de optimismo y fortaleza para poder liderar a otros en los caminos de Dios. Eso significa que en su calidad de líder siempre está optimista lista para impactar a su gente. Aunque tenga problemas como mujer y madre sabe encontrar en Dios refugio y ser una princesa guerrera que va adelante en el ejército de Dios.

Dígame, ¿no es esta una mujer que inspira a grandes hombres? Es a esto a lo que me refiero al hablar de mujeres que inspiran a grandes hombres. Y usted puede convertirse en una mujer que inspire, que inspire a su familia, a sus vecinos y a sus compañeros de trabajo. No importa la situación que esté viviendo, sea fuerte, busque su fuerza en Dios y sea como Viviana una mujer que inspire.

ARMADURA DE LA MUJER PARA VENCER EL FRACASO

Dios ha dado a la mujer que inspira todas las armas para vencer el fracaso. Están allí solo esperando que usted las tome, las ponga en práctica y las haga suyas:

ORACIÓN: Es el arma mas poderosa que tiene toda mujer. *"Por nada estéis afanosos, sino sean conocidas vuestras peticiones delante de Dios en toda oración y ruego, con acción de gracias."* Filipenses 4:6

PROMESAS DE LA BIBLIA: *"Y vendrán sobre ti todas estas bendiciones, y te alcanzarán, si oyeres la voz de Jehová tu Dios."* Deuteronomio:28:1

EL USO CORRECTO DE SU BOCA. El uso correcto de la boca es muy importante para alcanzar lo que se requiere. Proverbios 18:7 *"La boca del necio es quebrantamiento para sí, Y sus labios son lazos para su alma."*

AUTORIDAD: Jesús te da de su autoridad para que la uses y así venzas toda dificultad. *"Entonces llamando a sus doce discípulos, les dio autoridad sobre los espíritus inmundos, para que los echasen fuera, y para sanar toda enfermedad y toda dolencia".* Mateo 10:1

SABIDURÍA E INTELIGENCIA: *"Así, pues, BEZALEEL Y AHOLIAB, y todo hombre sabio de corazón a quien Jehová dio sabiduría e inteligencia para saber hacer toda la obra del servicio del santuario, harán todas las cosas que ha mandado Jehová."* Exodo 31.1

FUERZA Y VALENTÍA: *"Mira que te mando que te esfuerces y seas valiente."* Josué 1:9

DONES DEL ESPIRITU SANTO: Ayudan para hacer milagros sobrenaturales. *"Pero a cada uno le es dada la manifestación del Espíritu para provecho. Porque a éste es dada por el Espíritu palabra de sabiduría; a otro, palabra de ciencia según el mismo Espíritu; a otro, fe por el mismo Espíritu; y a otro, dones de sanidades por el mismo Espíritu. A otro, el hacer milagros; a otro, profecía; a otro, discernimiento de espíritus; a otro, diversos géneros de lenguas; y a otro, interpretación de lenguas. Pero todas estas cosas las hace uno y el mismo Espíritu, repartiendo a cada uno en particular como él quiere." 1 Corintios 12:7-11*

EL FRUTO DEL ESPÍRITU. Todas estas características en la vida de la mujer la pueden lanzar al éxito. Son las características de una buena actitud. *Mas el fruto del Espíritu es amor, gozo, paz, paciencia, benignidad, bondad, fe mansedumbre y templanza; contra tales cosas no hay ley.* Gálatas 5:22-23

DIOS TE PUEDE DAR:

La belleza de Eva
La sujeción de Sara
La proactividad de Rebeca
El encanto de Raquel
La intuición de Rahab
La tenacidad de Ester
La astucia de Jocabed
La lealtad de Ruth
La gracia de Ana
La bendición de María
La sinceridad de la mujer samaritana
La diligencia de Marta
La adoración de María
La liberación de María Magdalena.
La hospitalidad de Lidia

Al igual que esta galería de mujeres de la Biblia Dios le dará a usted las herramientas que necesite para que pueda tener una segunda oportunidad y desafíe el fracaso.

OBSTÁCULOS QUE NEUTRALIZAN A LA MUJER PARA TENER ÉXITO.

Cuando hablamos de vencer el fracaso, debemos antes hacer notar que hay tres grandes obstáculos que las mujeres que inspiran van a enfrentar para llegar al éxito. Son tres gigantes que se van a interponer en esta gran carrera llamada camino al éxito. Muchas esperan y desean que la vida sea fácil, pero no lo es. Cuando salimos al mundo exterior nos damos cuenta que hay muchos mas que están tratando de andar por el camino del éxito. Algunas mujeres esperarían que alguien vaya adelante haciendo a un lado los obstáculos para realizarse en la vida, pero no es así, y si el camino no es fácil simplemente se dan por vencidas y dejan de correr. Y durante ese proceso su ánimo empeora y empeora. Quiero recordarle que tenemos el Salmo 23:4 que dice *"Aunque ande en valle de sombra de muerte no temeré mal alguno porque tú estarás conmigo".*

Todas las personas que alcanzan el éxito saben que van a encontrar obstáculos y que esto es parte normal de la vida y se planifican para enfrentarlos y sobrepasarlos. Las mujeres que inspiran mantienen una buena actitud frente a los problemas. Los conocen, los enfrentan, los solucionan, y llegan al éxito. En esos momentos difíciles hay solo algo que se puede hacer: tener una actitud positiva hacia la vida, la cual viene de una fortaleza interna provocada por la fuerza de Dios en uno.

Así que si está pasando por esta vida, sepa que va a encontrar dificultades en todas partes, pero si tiene una actitud positiva, vence los obstáculos y avanza, va a llegar al éxito.

Un ejemplo que todas las mujeres comprendemos muy bien es el proceso de dar a luz . Durante el embarazo hay ciertos síntomas muy molestos (en algunos casos peores que otros). El momento del parto es el momento de mas crisis (sea parto natural o cesárea) si la madre ha tenido los conocimientos necesarios y se ha preparado para enfrentar este magno acontecimiento, su actitud mental y los conocimientos científicos le ayudarán en el alumbramiento con naturalidad y valentía.

Pero si la madre desconoce mucha información, este momento será el más traumático de su vida. Cuando se da a luz, ya se pasaron por alto   muchos obstáculos, pero ahora empieza otro tipo de circunstancias que va a tener que afrontar. El éxito final es ver al hijo grande y exitoso, pero ese proceso requirió: aprendizaje, constancia y obstáculos vencidos. Cada etapa del niño, tiene sus propios desafíos.

Hay tres grandes obstáculos que vencer para alcanzar el éxito: El desánimo, los problemas y el cambio.

EL DESÁNIMO

Tratando el desánimo de manera positiva. No se deje vencer por el desánimo. Todas las mujeres tenemos días buenos y malos. Cuando estamos en nuestro período hormonal, aunque todas las circunstancias estén positivas, nos sentimos desanimadas. Es parte de nuestra naturaleza femenina, frágil y tierna ser voluble. Frecuentemente los días grises nos desaniman. Pero aquí hay algunas sugerencias para enfrentar el desánimo.

1. ANALICE EL PROBLEMA DESDE AFUERA

- **Analícese usted misma.**
    Si usted tiene todo lo que necesita y aún así se siente desanimada, o probablemente tenga igual que otras personas (todo lo que necesite) pero siempre está triste, trate de

verse desde una perspectiva de afuera y pregúntese, ¿por qué siempre estoy desanimada? ¿habrá algo que yo pueda hacer para cambiar este estado de ánimo?

- **Puede culparse a usted misma o descubrir sus oportunidades.**

  Usted puede tomar la decisión de culparse a usted misma y pasar desanimada toda su vida, o puede cambiar de perspectiva y buscar otras soluciones o alternativas. Estar desanimada es una decisión. En mi experiencia de ministrar con mi esposo en varios países me he dado cuenta que el desánimo no reconoce latitudes, estratos sociales, género o edad. He conocido personas de muy escasos recursos con mucho desánimo pero me he sorprendido también de descubrir mujeres de países muy desarrollados con una depresión aún mas grande que la de la gente de escasos recursos.

- **Mire y admire detenidamente a la gente de éxito.**

  Cuando vea mujeres exitosas obsérvelas y analice cuales son las causas por las cuales ellas son exitosas y como lo proyectan. En el caminar por la vida me he llevado las mas grandes sorpresas. Hay dos mujeres muy exitosas que conozco, a simple vista usted puede hablar con ellas y darse cuenta de lo felices y realizadas que se encuentran en la vida. Me puse a analizar qué tenían en común. Son personas de edad adulta, ambas abuelas, viven sin esposo, y son financieramente solventes. Ambas ayudan económicamente a sus hijos y nietos. Ninguna de las dos tiene ningún tipo de estudio, ni tiene características espectaculares. Son mujeres comunes y corrientes, que han encontrado una manera de ser sencillamente felices.

- **Analice todas las posibilidades detenidamente.**

  Al estar desanimada, trate de pensar que otras posibilidades tiene usted de ser feliz y de realizarse, piense, y pregúntele a alguna persona que realmente la ame. ¿Qué otra posibilidad ve ella en su vida?.

2. RELACIONESE CON LAS PERSONAS ADECUADAS

- **Manténgase en contacto con gente que anima.**

  Mi madre Ana de Madrid es una persona que anima. Si usted está desanimada solo tiene que reunirse con ella y su estado de ánimo cambiará.

- **Hable con palabras correctas.**

  Yo misma trato de animarme con frases positivas como:

  - Adelante, yo puedo hacerlo.
  - La palabra imposible no existe para mi.
  - Si otros han podido porque yo no?
  - "Dios y yo somos mayoría" (Edmundo Madrid)
  - Me voy a dar el permiso de fracasar.

- **Sea Flexible y no espere que todo le salga bien.**

  No sea tan dura y exigente con usted misma, no se mida con otras amigas en lo que son sus fortalezas. Comprenda que usted no tiene que ser buena en todo. Tiene que ser flexible. Lawrence R. Burns profesor de psicología en la Universidad Grand Valley State en Michigan, hace la distinción entre los perfecionistas negativos y los perfeccionistas positivos. "Los perfeccionistas negativos están preocupados por tratar de impresionar y como resultado están deprimidos, ansiosos y obsesionados con sus defectos. Los perfeccionistas positivos, por otro lado, establecen metas realistas y se perdonan a sí mismos cuando fallan. Y continúa diciendo que la clave para lograr todo es enfocarse en lo que uno puede hacer y no en lo que no puede.

- **Tome decisiones cuando se sienta bien.**

  Es fácil tomar decisiones cuando se está en una crisis, pero estas decisiones no serán las mejores porque están siendo tomadas con los sentimientos y no con la mente. Por ejemplo, cuando un familiar está en estado muy grave, y no ha hecho provisión con un seguro, sus familiares lo internan en un hospital que no pueden pagar y si este fallece, toman los contratos funerarios mas onerosos, porque consideran que de esta manera van a calmar la tristeza que llevan por la pérdida de este familiar. Y cuando todo viene a la calma se dan cuenta que los vivos tienen que seguir su camino y que estos gastos tomados con los sentimientos van a mermar en gran manera sus ingresos. Si hubieran tomado la decisión correcta, habrían actuado de acuerdo a sus posibilidades.

LOS PROBLEMAS

Un flagelo que se opone a nuestro éxito son los problemas, pero la manera en la que los enfrentamos y resolvemos es lo que hace la diferencia entre el progreso y el estancamiento. Reflexionemos al respecto. Todo el mundo, en todo lugar tiene problemas. A través de la historia las mujeres que han inspirado tanto a hombres como a mujeres atravesaron por problemas que de una u otra forma quisieron frustrar sus metas, pero lo que realmente las hace inspiradoras es la forma en que lograron resolverlos.

- **Como nosotras veamos los problemas determinara como los podemos resolver.**

  La actitud que tome frente a los problemas o sucesos que se le presenten cotidianamente al final lo que determinara la dimensión e importancia de los mismos. Recuerde que hay dos formas de ver el vaso: medio lleno y medio vacio. Puede alegrarse al observar la mitad llena o puede preocuparse por la mitad vacía.

- **Al enfrentar un problema busque soluciones.**

  Y no ponga la vista en los fracasos; "no se ahogue en un vaso de agua" le decimos a aquellas personas que por pequeños problemas sienten que la vida se les termina. También existen otras que desisten de su empeño ante la primera dificultad.

- **La solución existe, solo tiene que buscarla y encontrarla**. Thomas Alba Edison le tenía miedo a la oscuridad, sin embargo, venció ese obstáculo de una forma muy grande cuando inventó la lámpara incandescente. Se nos informa que él experimentando para descubrir la lámpara incandescente probó mas de mil cien maneras que no le dieron resultado . Alguien le dijo usted está tratando de descubrir lo que no se puede; ya ha probado mas de mil formas y no ha tenido resultado ¿Qué ha aprendido? él respondio "he aprendido que hay mil cien formas que no dan resultado." Siguió probando y descubrió la bombilla eléctrica que ha cambiado al mundo entero.No se altere, no se enferme, no se estrese, analice las posibles soluciones para resolver los problemas, ponga en práctica sus planes de resolución, busque la ayuda de Dios y confié en El. Eso es lo que hacen las mujeres inspiradoras para resolver sus problemas.

- **No se estanque con el problema, siga avanzando.**

  O se sube al tren, o lo deja, usted elige. No espere que alguien venga y la suba al tren, pues tal cosa nunca sucederá, la decisión de ser una mujer que inspire realmente, es única y exclusivamente suya.

EL CAMBIO

La gente y los líderes se resisten al cambio y a situaciones que amenacen su estabilidad social, emocional, laboral, familiar o financiera.

Con el descubrimiento de América, Cristóbal Colón también comprobó que la tierra era redonda, cuestión que propició una revolución de conocimientos e investigación científica y a pesar de esa teoría comprobada, las personas mantenían creencias que indicaban que la Tierra era plana. La resistencia al cambio es el mejor alimento para impedir el progreso y modernización de una persona, familia o empresa.

¿POR QUÉ LA GENTE SE RESISTE AL CAMBIO?

- **Por asuntos sentimentales.**
    - Aquí he vivido toda mi vida.
    - Esta es la religión de mis padres.
    - Aunque ya no sirvan no las puedo tirar.
    - Así lo hemos hecho siempre y no debemos cambiar.

- **Temor a lo desconocido.**
    - Y si no me voy a ver bien.
    - No me cambio de vecindario pues no conozco a nadie.
    - No sé quiénes van a ser mis jefes.
    - No sé si voy a hacer amigos.

- **El conformismo requiere menos esfuerzo.**
    - Así funciona bien.
    - Lo que gano no me sobra pero me alcanza.
    - Y si fracasa mi negocio.
    - Prefiero hacer solo lo que me dicen.
    - Prefiero lo seguro que el riesgo.

- **Se resiste a ser criticado.**
    - ¿Qué van a decir mis amigos?
    - ¿Qué va a decir mi familia?.
    - ¿Y si se burlan de mí?.
    - No quiero hacer el rídiculo.

- **El cambio amenaza sus recuerdos.**
  - Siempre lo he hecho así.
  - Así lo hacía mi madre.
  - Así lo hacían mis padres.

8 PRINCIPIOS PARA ALCANZAR SU SUEÑO

Uno de mis anhelos mas grandes al hacer este libro ha sido poner en las manos de las mujeres herramientas prácticas para alcanzar sus sueños. Creo firmemente que las mujeres enfrentamos muchos más obstáculos para alcanzar nuestros sueños, por la naturaleza del propósito para el cual hemos sido creadas y por las funciones que nos han sido asignadas.

La Biblia dice que la mujer casada tiene que agradar a su marido 1 Corintios 7:34. Y con el tiempo nos damos cuenta que tenemos que agradar y cuidar de nuestros niños y todo lo que esto implica. Así que nosotras y nuestros sueños quedan en último plano.

Es más fácil para el hombre realizar sus sueños, púes él tendrá que ocuparse de su trabajo, hobbies y su sueño. La mujer en cambio antes de realizar sus sueños tendrá que realizar los de los suyos.

Al leer este libro la mujer puede quedar inspirada para seguir adelante pero no saber exactamente que pasos implementar. Porque "sobreestimamos el evento pero subestimamos los procesos". Cada sueño cumplido es el resultado de un proceso.

Al comenzar el proceso de sus sueños debe estar preparada para enfrentar el fracaso, debe saber que todo aprendizaje está precedido por caídas. Para aprender a caminar hay que caerse. Para aprender a manejar bicicleta también hay que caerse. Así que deseo dejar algunos principios básicos sobre la palestra para poder alcanzar el sueño deseado y llegar a ser una mujer inspiradora.

1. ESTÉ SEGURA DE QUIÉN ES Y LO QUE QUIERE LOGRAR

El éxito empieza en su mente. Si usted está segura de lo que es, para lo que ha sido creada y está determinada en lo que desee lograr, usted lo hará.

"Usted puede ser cualquier cosa que decida ser. Determine ser algo en el mundo y será algo. 'No puedo' nunca logró nada. 'Voy a tratar' ha logrado maravillas."
Joel Hause

Muchas personas acusan a otras y dan excusas por no haber logrado su sueño. Pero solo el que acepta su responsabilidad y se analiza por dentro es quien va a alcanzar su sueño. No dé excusas, todos tenemos veinticuatro horas en el día, y hacemos con él lo que decidamos hacer.

"Los obstáculos no pueden aplastarme. Cada obstáculo cede ante la resolución firme. El que ha fijado su rumbo a una estrella no cambia de parecer."
Leonardo DaVinci

2. ARRIÉSGUESE A SER CRITICADA POR LAS PERSONAS MAS IMPORTANTES PARA USTED.

Cuando uno obtiene un sueño piensa que todos los mas cercanos se van a alegrar y aplaudir la visión. Lo mas decepcionante es cuando se escuchan las voces negativas de los mas allegados. En esos momentos se tiende a pensar. No estoy en lo correcto, eso es imposible, solo era un sueño demasiado grande. ¿no le parecen conocidos estos pensamientos? Yo he sido una persona muy visionaria, muchas veces creo que sueño demasiado. Y a menudo me encuentro con personas extremadamente negativas. Muchos de los proyectos que he emprendido al principio se han visto demasiado altos, pero a la postre se han hecho una realidad.

134

Cuando Dios le dé un sueño, y usted esté seguro que esa es la voluntad de Dios para su vida, vaya tras él. José el soñador, sabía que había tenido un sueño de parte de Dios, ese sueño parecía imposible, no era posible que el sol, la luna y once manojos de trigo se inclinaran ante él, pero el día llegó en que fue así.

Si usted tiene un sueño y dentro de sí está segura de eso. No habrá nada ni nadie que se pueda oponer. Si usted es emprendedora, va a encontrar críticas de los mas cercanos, de las personas mas importantes en su vida. Es probable que no sea con ninguna mala intención, solo estarán tratando de prevenirle o alertarle. Pero si usted siente paz con Dios, y hay expertos en el tema que le apoyan. Arriésguese a ir tras su sueño.

3. VENZA EL TEMOR.

En la vida de una mujer siempre debe haber una primera vez que causa temor en la vida.

La primera vez que caminamos.
La primera vez que vamos a la escuela.
La primera vez que montamos una bicicleta
La primera ves que nos maquillamos
La primera ves que vemos nuestro ciclo menstrual
La primera vez que tenemos una cita
La primera vez que nos extraen una muela
La primera vez que trabajamos
La primera vez que cocinamos
La primera vez que horneamos un pastel.
La primera vez que damos a luz.
La primera vez que bañamos a nuestro primer hijo.
La primera vez que cambiamos el pañal a nuestro bebé.
La primera vez que tenemos que velar por el presupuesto familiar.

¿Se da cuenta? vivimos enfrentando primeras ocasiones en las que por primera vez hemos hecho algo, que nos ha causado temor realizar. Después aprendimos y llegamos a hacer esto con naturalidad. Pero el temor primario, quiere hacernos creer y sentir que no podremos hacerlo.

- **El temor puede paralizarnos.**

Uno de los ejemplos mas grandes de desafiar el temor es el de los hermanos Wilbur y Orville Wright, inventores del primer aeroplano. Estos jóvenes no eran expertos en aviación. Eran mecánicos de bicicletas y fueron los primeros en motorizar los vuelos. Esta historia está plagada de grandes lecciones para todos, pero la mas importante es la tenacidad que tuvieron para hacer este gran invento del cual ahora la humanidad entera se beneficia. Pero ellos tuvieron que vencer muchos temores.

Temor a lo desconocido.
Temor a investigar
Temor a trabajar
Temor a practicar
Temor a la crítica
Temor a la burla
Temor a volar
Temor a fracasar.
Temor a morir

Su antecesor El Dr. Samuel P. Langley, que era Profesor de matemáticas y astronomía, pensador, científico e inventor, casi había descubierto el aeroplano después de haber escrito varios libros sobre aerodinámica. Pero con tanta ciencia y fama había quedado paralizado por la crítica de la prensa nacional. Estos dos mecánicos de bicicletas, no tenían ni estudios, ni profesión, ni fama, por lo que hacer intentos y fracasar no tenían nada en lo absoluto que perder porque no había ni prestigio ni fama que defender. Esta es la razón por la que los hermanos Wright pudieron hacer todas las prácticas.

136

Uno de los temores mas grandes que recuerdo haber tenido en mi vida desde niña, fue el alumbramiento de mi primer hijo. Probablemente por relacionarme entre muchos adultos oí pláticas prematuras para mi edad. Y oí muchísimas veces a señoras relatar las trágicas historias del alumbramiento de sus hijos. En mi mente muchas veces pensé las diversas maneras en que podría evitar este acontecimiento. Pero el momento llegó y ahora soy feliz madre de tres hijos, todos fueron partos normales y una lección que aprendí fue que el temor hace ver mas grandes los problemas y paraliza innecesariamente.

El temor hace ver mas grandes los problemas y paraliza innecesariamente.
Berlin Madrid de Guillén.

El historiador Michael Ignatieff dijo vivir temerariamente no es lo mismo que nunca tener temor, es bueno tener temor ocasionalmente. El temor es un gran maestro. Lo que no es bueno es vivir en temor, permitiendo que dictamine tus decisiones, permitiendo que defina quien eres. Vivir temerariamente significa enfrentar el temor, medir su altura y negarte a permitir que forme y defina tu vida. Vivir temerariamente significa correr riesgos, no jugar a lo seguro. Significa negarte a aceptar un "no" como respuesta cuando está seguro de que debía haber sido "si". Significa negarte a conformarte con menos de lo que te toca. (3)

¿Cuantas cosas usted ha dejado de hacer por temor? , ¿cuantos oportunidades ha dejado ir por el temor? ¿Cuantos descubrimientos se habrían quedado ocultos si sus inventores hubieran hecho mas caso a sus temores que a su intuición? La Biblia dice, " *no nos ha dado Dios espíritu de cobardía sino de poder, amor y dominio propio".* 2 Timoteo 1:7

MUJER VALIENTE	MUJER COBARDE
Dice es posible	Dice es imposible
Dice probemos	Dice ni intentemos
Dice integraré	No perteneceré.
Se expone al exterior	Se esconde
Arriesga	Se reprime
Avanza	Retrocede
Sonríe	Entristece
Levanta el rostro	Baja la mirada
Se siente con valor	Se siente desvalorizada
Inspira	Decepciona

¿Piense usted, que situaciones han sido paralizadas en su vida por el temor? Se ha dado cuenta que todas las primeras cosas que ha emprendido por primera vez ahora son muy naturales de ejecutar? ¿No será de la misma manera con el sueño que desea lograr? ¿Por qué sí pudo aprender a manejar un auto y tiene temor de hacer lo que se ha propuesto?

4. TRABAJO DURO

Muchas personas consideran que alcanzar su sueño es cuestión de "suerte" de azar del destino, de oportunidades para "gente especial" pero quiero decirle que todo sueño es gratis pero lograrlo no. Las personas que alcanzan su sueño trabajan duro, duro, duro. Los cuentos de hadas no existen. Para alcanzar su sueño tiene que esforzarse. La mujer virtuosa de proverbios se caracteriza por ser multifacética y esforzada.

Muchos piensan que hay trabajos mas suaves que otros, no los hay, todos los trabajos son igualmente pesados, lo que varía es el tipo de presión. La presión puede ser física, emocional o mental. He visto los diferentes tipos de trabajos y me he dado cuenta que tan duro es hacer un trabajo físico como estar todo el día frente a una computadora.

PRINCIPIOS PARA EL TRABAJO:

- **El trabajo es una orden divina.**
  Dios le dijo a Adán que comería con el sudor de su frente.

- **El trabajo es un privilegio.**
  Muchas personas quisieran tener la oportunidad de trabajar. Los enfermos, la mujeres en países represivos, los inmigrantes, los desempleados, los minusválidos, las mujeres con esposos opresores.

  Mi querida amiga, si usted no está en ninguna de todas estas situaciones y tiene la oportunidad de trabajar, de gracias a Dios y hágalo con todas sus fuerzas y con toda su mente. Trabaje, administre, ahorre, invierta, comparta, y verá qué transformación va a tener en su vida.

  Conozco una amiga cuyo esposo no la deja trabajar. Ella tiene iniciativa, fuerza, inteligencia y valor. Pero su esposo (que no conoce a Dios) se ha empeñado en no dejarla estudiar ni trabajar. Muchos esposos en nuestra cultura hacen lo mismo. Ella es una mujer inspiradora pues a pesar de no tener estudios se ve feliz, y muy agradada porque sus hijas sí están recibiendo una educación universitaria normal, pero conserva esa frustración. Quisiera poder trabajar. Por el contrario tengo otra amiga que aprecio mucho, cuyo esposo la abandonó hace mucho tiempo. Ella trabaja duro en un mercado comunitario, con un trabajo de comerciante que a la vista de cualquiera podría ser un trabajo no tan exclusivo. Pero gana mucho dinero, y como es excelente administradora tiene recursos suficientes para compartir. Ella sabe y reconoce el gran privilegio que es trabajar, así que lo hace con todo empeño, y es una mujer feliz, y realizada en la vida.

- **El trabajo dignifica**

Pedir es denigrante, depender de otra persona económicamente no es fácil. Muchas mujeres me han compartido lo difícil que resulta para ellas depender de su esposo o de sus padres. Se sienten mas seguras si ellas pueden generar su propio sustento económico. Por algo Dios dejó la orden de trabajar y describe a la mujer virtuosa como ardua trabajadora.

- **El trabajo da sentido de seguridad**

Tener un empleo y estabilidad laboral da seguridad. Uno de los mayores problemas a nivel mundial es el desempleo. Si usted tiene un empleo, consérvelo, trabaje con honestidad y disfrute poder trabajar con sus manos.

5. RELACIÓNESE CON LAS PERSONAS CORRECTAS

El valor que tiene relacionarse con las personas no puede medirse en el presente, pero si puede percibir sus efectos en el futuro.

- **Valore a las personas**

Recibiendo una clase en la universidad un catedrático dijo una expresión que me dejó muy sorprendida. "Uno puede aprender de todas las personas" ¿cómo pense? Eso no es posible, hay gente de todo tipo que no tiene nada bueno que enseñar. Luego el continuó diciendo: Yo aprendo hasta de Axel. Axel era una figura pública de dudosa reputación política. Yo pense ¿qué puede aprender de Axel? ¡es imposible! Entonces continuó diciendo: yo aprendo de las malas personas, ¿ saben que? "Aprendo lo que no debo hacer". Nunca olvidaré esta lección. A partir de esa fecha, observo a las personas y me digo para mis adentros. "Esto es algo que estoy aprendiendo que no debo hacer". Por esto es que hay que valorar a todas las personas, porque nos enseñan de sus éxitos y de sus fracasos; de todos podemos aprender.

- **Relaciónese con personas que le ayuden a crecer**

El potencial de las personas es muy fácil de clasificar en un aula de clase. En una aula usted puede ver diversos tipos de alumnos. El grupo que usted escoja para compañeros de estudios determinará su desempeño en el mismo. Usted decide. Este principio se aplica a todos los ámbitos sociales en los que se desenvuelve. Si usted no es como ese grupo, sepa que lo van a identificar con él, y que a la postre usted va a llevar en sus rasgos sus características.

- **Relaciónese con las personas cuyas inclinaciones son las que desee cultivar**

Todas las personas tienen diversas características, y usted va a ser como las características de las personas con las que se relacione. Así que antes de definir su círculo determine si ese es el tipo de persona en la que se desea convertir.

- **Haga preguntas**

Una manera muy efectiva de aprender es haciendo preguntas. Muchas veces no preguntamos por orgullo. Pensamos que será humillante preguntar lo mas elemental, pero la mayoría de las personas son muy abiertas cuando se trata de enseñar lo aprendido. He notado que a las señoras de avanzada edad les gusta mucho enseñar a las jóvenes sobre la manera de hacer las tareas relacionadas con el hogar, y esto es lo que el apóstol Pablo señala. Sea humilde pues y de cada una aprenda lo que pueda aprender.

6. CAMBIE SU VOCABULARIO

Algo muy importante es cambiar de vocabulario. No solo hablamos de no decir palabras obscenas, sino de transformar nuestra manera de hablar, para pronunciar palabras de ánimo. Le sugiero cambiar algunas frases de la siguiente manera.

No puedo	Como puedo
Es muy difícil	Con esfuerzo se puede
Está casi vacío	Casi está lleno
Es imposible	Se puede lograr
No sabe nada	Está en proceso de aprendizaje
País pobre	País en vías de desarrollo
Holgazán	Desempleado
Travieso	Activo
Bullicioso	Optimista
Ignorante	Estudiante
Necio	Persistente

Cuando usted empiece a usar vocabulario positivo, va a notar la diferencia dentro de usted y su círculo.

7. NO ESPERE LAS CONDICIONES PERFECTAS PARA COMENZAR

La mayoría de mujeres esperan que todas las condiciones en su vida sean perfectas para empezar a trabajar en su sueño. Algunas piensan comenzar hasta :

- Que el día este más claro
- Que llegue inicio de mes
- Que los niños estén más grandes
- Tener suficiente dinero en el banco
- Que este más delgada
- Que el pelo se vea mejor
- Que la presión arterial este normal
- Que la casa esté totalmente construida
- Tener un carro de modelo más reciente
- Que me sienta mejor conmigo misma
- Que su autoestima mejore
- Que termine la dieta
- Que su esposo cambie

- Que regrese de viaje
- Que comienze el proximo año
- Que se cambie de vecindario

Si tiene algún sueño que desea comenzar empiece ahora aunque sea a escribir en un papel lo que piensa hacer. Y recuerde que las condiciones perfectas nunca van a estar completas, solamente su actitud positiva para principiar.

8. CAMBIE DE MANERA DE PENSAR

"Por que cual es su pensamiento en su corazón, tal es él." Proverbios 23:7. Cada vez mas nos convencemos que la manera de pensar es determinante para triunfar o fracasar. "Nuestros actos son el resultado directo de nuestras ideas. Si tenemos una mente negativa, tendremos una vida negativa. Si por otro lado, renovamos nuestra mente de acuerdo con la Palabra de Dios, como promete Romanos 12:2 verificaremos por experiencia propia "Cual es la voluntad de Dios: lo que es bueno, aceptable y perfecto: para nuestras vidas". (5)

1. **El éxito y el fracaso comienza con la manera de pensar de las personas.**

2. **Los pensamientos son alimentados por lo que se ingresa a la mente.**

3. **No hay manera de medir el impacto tan grande que causa una manera de pensar positiva.**

Una de las personas que mas ha impactado mi vida ha sido la de mi padre Edmundo Madrid. Él es una persona que personifica en mucho una manera de pensar positiva y correcta. Además de ser una persona de una trayectoria impresionante es un hombre cuyo pensamiento positivo lo ha llevado a ser una persona de éxito.

Entre las cualidades que puedo mencionar de él es que es íntegro, inteligente, sabio, prudente, austero, sincero, amoroso, fiel, responsable, diligente, trabajador, templado, estudioso de la palabra de Dios y hombre de oración.

Habiendo crecido en un hogar cristiano con seis hijos, su madre una mujer de oración los llevó a todos a hacerse profesionales.

Mi padre obtuvo estudios universitarios en los Estados Unidos de América, que le ayudaron a ser la persona exitosa que es. Fundó una denominación que cuenta con centenares de iglesias y ha criado tres hijos firmes en el Señor y con convicciones fuertes en el servicio. Toda su pasión en la vida es servir a Dios y establecer iglesias para el crecimiento del Evangelio.

Es una persona que a pesar de su edad es trabajadora, diligente, nunca está desanimado, triste o cambiante en su personalidad, su palabra es un contrato y su personalidad firme. En él siempre he encontrado un brazo firme, un consejero sabio, un apoyo incondicional, una fuente de amor para mis hijos y para mí, hasta el día de hoy sigue siendo un sustentador intelectual y espiritual para nosotros.

Esto es lo que el pensamiento positivo puede hacer por usted. Comience ahora, y verá como su vida puede ser transformada si tan solo da cabida a los pensamientos que Dios tiene para usted a través de su palabra.

Mi estimada lectora, es mi deseo que un día sus hijos puedan expresarse de usted de esta manera, pero para esto debe de comenzar cambiando su forma de pensar.

Hemos visto a través de este libro siete secretos claves para las mujeres que inspiran a grandes hombres. Cada uno de ellos es determinante para que usted pueda ser una mujer excepcional, si usted cultiva cada uno de ellos, puede llegar a ser una mujer que inspire a GRANDES HOMBRES, que pueden, ser su esposo o los hombres de su descendencia.   La animo a que los ponga en práctica, que profundice mas en ellos y su vida impactará a otros hasta inspirarlos y hacer que su influencia trascienda sus generaciones.

SECRETOS DE FE

LEA:

2ª Corintios 4:8-9, Salmo 91. Ester 1-10

ORE:

Amado Dios, tu que estás en los cielos y tienes control de todo y todos, ayúdame en mi condición de mujer para poder desafiar el fracaso. Tú sabes que he tenido muchas pruebas en mi vida, y he sentido que nunca podré ser exitosa. Pero he aprendido de acuerdo a tu palabra que puedo ser una mujer que inspire si puedo desafiar el fracaso. Te pido con todo mi corazón que me des la fuerza para saltar todos los obstáculos y poder culminar mi carrera con éxito. Todo esto te lo pido en el nombre de Jesús. Amén.

ACTÚE:

Enumere las pruebas que ha tenido que pasar a lo largo de su vida .

Medite cuales de ellas la han paralizado y las razones que ha tenido para no seguir avanzando.

Propóngase cambiar de actitud y decida tomar otras decisiones por medio de las cuales pueda saltar obstáculos. Escriba una oración donde usted se propone nunca volver a retroceder en la vida, no importando los obstáculos que tenga que enfrentar.

NOTAS

PRIMER SECRETO

1. www.bernabetierno.net/libros Psicología Positiva

2. Edward Rowell and Bonnie Steffen: Humor for
Preaching and Teaching (Humor para predicar y enseñar):
Baker Books: Grand Rapids, Mich.: 1996: 176.

3. Lic. Rony Madrid. "LA VUELTA AL CORAZON EN 40 DIAS".
Guatemala. Recursos para la Vida Real. 2010. Pags.124-126

4. Jennifer McKnight: Yes You Can (Si, tú puedes): San Francisco
Chronicle Books: 2000: 22.

5. Van Ekeren: Speakers Sourcebook: IL: 279-280

TERCER SECRETO

1. Guillermo, Zúñiga.   Colección "Águilas en las Alturas". 6 libros
relacionados con la vida de las águilas y su inspiración al más alto
nivel para el liderazgo.

CUARTO SECRETO:

1. Anderson, E. M. (2005). Home, Miss Moses: A novel in the time
of Harriet Tubman. Higganum, CT: Higganum Hill Books.--

QUINTO SECRETO:

1. Rebecca Lamar Harmon, Susana: Mother of the Wesleys, Abingdon Press, Nashville, 1968, p. 57.

2. John C Maxwell. Actitud de Vencedor, Caribe-Betania Editores, Nashville, p24 en el original en inglés.

SEXTO SECRETO:

1. John Macarthur. Doce Mujeres Extraordinarias. Grupo Nelson. Nashwille. 2005. P. ix

2. Emerson Eggerichs. Amor y Respeto. Grupo Nelson. Nashville Dallas. 2010. P. 201
3. Ibid. P 183
4. Ibid. P 277-278

SEPTIMO SECRETO

1. John Macarthur. Doce Mujeres Extraordinarias. Grupo Nelson. Nashwille. 2005. P. ix

2. Lucy Maher, "Are you to hard on Yourself?"

3. About Terry Fox" Terry Fox Run, http//www.terryfoxrun.org/org/english/ about%20fox/default.asp?=1

4. El campo de Batalla de la Mente. Joyce Meyer Miami Fl. 1997 P.10

El Libro 7 *Secretos*
puede ser solicitado a través de los teléfonos
(502) 4770-7544 - (502) 2320-7676
también en Editorial DIV,
5ta calle "A" 31-64 zona 4 de Mixco.
Bosques de San Nicolás.
Ciudad de Guatemala, C.A.
o escribiendo a nuestros correos electrónicos
berlinmadrid@lluviasdegracia.org
editorialdiv@lluviasdegracia.org

Materiales de Apoyo al Ministerio

7 Secretos de Mujeres que Inspiran a Grandes Hombres
en Audiolibro.

Libro de crecimiento personal y soporte a su ministerio
Líderes que Cambian Suertes escrito por
Lic. Edmundo Guillén

Líderes que Cambian Suertes en Audiolibro.